U0889605

父母教练 | Parenting

推动摇篮的手推动世界

献给格雷格，

我的丈夫、生活伴侣和最爱的支持者

——我们的爱历久弥新

献给我的孩子

——艾琳、莎拉、艾希礼还有泰勒，

我爱你们。

感谢你们教我成为更好的妈妈，

感谢你们始终支持和质疑我。

献给奥利弗、特莎、查理和所有将要到来的亲爱的孙辈们

——你们是我的阳光，

你们是我的老师。

好妈妈有办法

不焦不躁
带出快乐孩子

[美] 邦妮·康普顿——著
张新——译

长江少年儿童出版社
CHANGJIANG CHILDREN'S PRESS

图书在版编目（CIP）数据

好妈妈有办法 : 不焦不躁带出快乐孩子 / （美）邦妮·康普顿著 ; 张新译. — 武汉 : 长江少年儿童出版社, 2021.8
ISBN 978-7-5721-1773-2

Ⅰ. ①好… Ⅱ. ①邦… ②张… Ⅲ. ①儿童教育—家庭教育 Ⅳ. ①G782

中国版本图书馆CIP数据核字(2021)第124566号
著作权合同登记号：图字17-2018-077

HAO MAMA YOU BANFA: BUJIAO BUZAO DAICHU KUAILE HAIZI
好妈妈有办法：不焦不躁带出快乐孩子

［美］邦妮·康普顿 / 著　张　新 / 译
责任编辑 / 马瑞芬　方云宝
装帧设计 / 钮　灵　美术编辑 / 胡金娥
出版发行 / 长江少年儿童出版社
经销 / 全国新华书店
印刷 / 武汉新鸿业印务有限公司
开本 / 787×1092　1 / 16
印张 / 16.5
印次 / 2021年8月第1版，2021年8月第1次印刷
书号 / ISBN 978-7-5721-1773-2
定价 / 55.00元

Mothering with Courage

策划 / 海豚传媒股份有限公司
网址 / www.dolphinmedia.cn　邮箱 / dolphinmedia@vip.163.com
阅读咨询热线 / 027-87391723　销售热线 / 027-87396822
海豚传媒常年法律顾问 / 湖北珞珈律师事务所　王清　027-68754966-227

推荐语

《好妈妈有办法：不焦不躁带出快乐孩子》提供了实用工具，帮助家长和孩子建立真实、亲密的亲子关系。这本书给了妈妈们一张“自我发现”的路线图，它简单易学，帮助妈妈们解锁自己的内在意识，指导她们释放过高期待与过分担忧所带来的焦虑感。没有这些心理上的负担，妈妈们可以用更有意义的方式和孩子们深入交流。

——罗莉 · 佩特罗

孩子与妈妈的关系是神圣的，新手妈妈凭借着自己的勇气与意志，成功经受住了初为人母的挑战。当看到孩子身上的美好时，妈妈们会变得更有自信。《好妈妈有办法：不焦不躁带出快乐孩子》是给所有妈妈和孩子的完美礼物。

——戴夫 · 佩尔泽

这本书提倡的是一种由内而外的育儿法，既有说服力，又能引起共鸣，而且文字极其优美。有意识的育儿方式最关键的要素，就是培养自我意识和觉知。我爱这本书，它是最合适的枕边书。若你在育儿路上不留神“跑偏”，它会将你带回正确的轨道，并不断提醒你该如何和孩子相处，如何和自己的心灵相处。我迫不及待地要把这本书作为礼物送给我的家人和朋友，并向所有的父母大力推荐！

——蕾妮·特鲁多

《好妈妈有办法：不焦不躁带出快乐孩子》是“深度有意识养育”的指南。邦妮为我们找到了一种方式，一方面正视从祖辈承接下来的消极因素，一方面将之与积极因素相结合。她提供有效的方法来帮助我们治愈情感创伤，让我们不再忧虑。这本书是所有妈妈的必读书！

——凯西·马菲

《好妈妈有办法：不焦不躁带出快乐孩子》关注的是心灵的智慧，它充分探讨了母亲和孩子之间几乎所有的关系类型。邦妮·康普顿写的这本书应该是为人父母者的必读书。她在书里给出的建议既真实又温暖，对现在的母亲们有很大的帮助。

——凯莉·古德曼

在养育孩子的问题上，我们时常感到孤立无援。我真希望这本书能早25年出现，那我面对我刚出生的孩子时，就不会那样无措。这本书对育儿工作进行了条理清晰、有理有据的指导，让读者更有信心，还启发我们充分发掘自己最宝贵的直觉。它提醒我们，只要认真倾听，我们就能知晓一切秘密。要想了解母亲的潜能——直觉的精髓，这本书是不可不读的！

——莎拉·斯科特·普特南

序言

最近，我接到一位失意的母亲的电话，她的声音听起来饱受打击并且疲倦不堪。她在电话里说：“我真的想当一个好妈妈，但是我觉得自己彻底失败了。我读过数不清的育儿书，但是里面说的技巧和方法只能管用几天而已。到现在，我都没有找到能帮助我变成好妈妈的方法。”

坦白说，我接到过很多类似的电话。在我三十多年的咨询和培训生涯里，我看到母亲的责任感有时会让她们感到黯然神伤、孤立无援。很多妈妈都和我分享过，她们的生活大多数时候都像是无意识的“自动巡航”，陷入了“生存模式”。更有甚者，在回首过往时悔恨交加，“如果那个时候我懂得更多一些，我应该能做得更好。”我写下这本《好妈妈有办法：不焦不躁带出快乐孩子》，正是献给这些迷茫和沮丧的妈妈们，也献给刚刚开启这趟旅程的新手妈妈们。

这本书中的故事来自我多年的心理咨询临床案例。它们并不是某个特定咨询者的故事，而是许多妈妈们的共同经历和感受。我希望能通过这种方式——在育儿早期提供相关的指导，让妈妈更充分地做好准备，并能够有意识地选择育儿方法，或许这样，我就不会再在办公室遇到这么多伤心的妈妈了。

过去，新手妈妈们通常遵循大家庭成员或邻里长辈的经验摸索着育儿。现在，信息繁多且无序。妈妈们通常一边阅览书籍，一边看专家或“同一战壕”的妈妈们写的文章，学习别人的育儿方法。这些书籍、文章通常关注的是如何纠正孩子的行为，而《好妈妈有办法：不焦不躁带出快乐孩子》关注的是妈妈们如何自我思考，如何从她们自己的角度深度发掘究竟什么才是最重要的。只有这样，她们才会知道如何成为更好的妈妈。

我始终认为，如果妈妈们从外部去寻找答案，而不是从自身出发，她们终将错失发掘自己内心的良机。我的职业经历以及身为母亲的经验都让我充分感受到母亲直觉的强大力量。当妈妈们要为自己或者孩子做决定时，内在的知识都能起到指导作用。我观察到，只要妈妈们开始认识并相信自己的智慧，她们就会成为自己最好的育儿导师。

《好妈妈有办法：不焦不躁带出快乐孩子》的写作基于我常年和很多妈妈共事的经历。事实上，我也向前文提到的给我打电话的妈妈推荐了这本书里的方法。一周后，她开心地告诉我这个新方法让她看到了希望——她发现自己不再孤立无援，发现事情在逐渐好转，发现知道了要怎样变成好妈妈。她说感觉自己终于找到了自己的家。

阅读指南

本书的写作目的，是帮助妈妈们进行正确的提问。什么是正确的提问呢？就是那些能够帮助你使用母亲直觉的问题。你可以将《好妈妈有办法：不焦不躁带出快乐孩子》看作你的个人工具，这样你就可以自己决定怎样使用这本书。你可以选择从头读到尾，也可以选择读你认为需要读的特定章节。这本书的特别之处在于，每一个章节都有相对独立性，包括完整的课程和日常练习。如果你的时间有限，我建议你认真阅读每个章节的概览部分，然后来做日常练习。

现在，我邀请你把这本书作为一个工具，让它帮助你成为自己心目中理想的妈妈。

我建议你一定要认真回答“日常练习”里的问题。准备一个专门的笔记本，在阅读本书的时候将笔记本也放在手边，这样方便你记录下自己的“日常练习”。你的笔记将成为无价之宝，因为它会是你未来生活的指南。它会有意识地提醒你，你想要成为怎样的母亲。

生活之路漫长又曲折，我们很容易半路迷失，这时，我们需要时间、勇气和决心，来为自己以及孩子做出积极的改变。最重要的是，在阅读本书时，我希望你温柔地对待自己，始终提醒自己——过去，你已经尽力了。你开始为自己的生活做出积极的改变，你应该为自己的勇气和决心而自豪。当你改变了自己的观点和生活方式时，你会发现潜移默化间，你的孩子和家人都在发生积极的转变。当然，始终不要忘记，你已经是一位独一无二、非常优秀的妈妈！

记住，做妈妈是一段旅程。我非常感动和高兴于你愿意也有兴趣，更深入地了解自己和你的孩子。当你为自己和家人开启这段旅程时，我希望你能够学会自我思考，并为自己的一些问题找到答案，或者开始探寻一些新的问题。或许，你会经历自己的“唤醒”时刻——你将会善于思考，做出深思熟虑的决定，并学会相信自己的直觉。最终，你会发现什么才是真正对自己和家庭重要的。

目录

第一章

反思的母亲

问问自己，今天做些什么，才能让自己更接近明天的目标。

——佚名

我家有一辆老式四轮车，车后面有个朝后的座位。我曾经认为，坐在那里看身后的风景飞驰而过是一件很刺激的事情。你也有过类似的经历吧？这不仅给了你追忆往事的机会，也向你揭示了生活的重大隐喻。我们在生活之路上不断前行，回首往事，或者时有顿悟，或者对往事有新的见解。重视往事，我们可以从生活中得到最珍贵的启示。如果不重视往事，忽视其中的教训，生活则会一直给我们相似的教训，直到我们愿意接受为止。

想一想你在生活中反复遇到的那些困难。尽管情节和人物可能变了，但是主题是不断重复的。一位曾经和我一起共事的妈妈抱怨，她的朋友和家人都在利用她。她说她觉得自己被利用，因为她始终在服务他人，而他人却从未回报过她。她说："好像是我自己招惹了这些人！"这位妈妈没有意识到，她其实有很多机会说"不"。但如果她意识不到自己的行为，特别是意识不到自己不敢拒绝（因为她不想让别人烦恼），她会始终"招惹"这些向她求助的人并被他们包围。所幸这位妈妈学会了说"不"，没过多久，她的人际关系变得更好了。她不再害怕拒绝他人之后，她和家人以及朋友的关系反倒比她想象的更融洽。如果没有遇到阻碍，我们通常是不会停下来反思生活的，一旦遇到障碍，除了反思我们似乎也别无他法。每天花一点时间厘清自己的思绪，能让我们更有前瞻性。对于身处"战壕"的妈妈们来说，最重要的事是花一点时间审视自己的生活，这样也能够让自己做出更好的选择。

作为 4 个成年子女的母亲和 3 个孩子的祖母，我经常坐在生活的"后向座位"上回顾和反思。这让我更清楚什么才是真正重要的，什么是我可以放手的，什么是我必须坚持的。我能更好地理解，为什么我的孩子们会采取这种表达方式、做出那种行为。我"被迫"检查我的处世之道，我的行为和反应，以及我对他人的影响。如果我可以重新为人母，我会更多地在起起伏伏的家庭生活中进行反思。当然，现在开始也不太迟！

反思生活的价值在于，我们能够在过去的经验上，做出更理智的决定。自我反思使我们明白在某种情况下什么可行、什么不可行，并且知晓如何改进。通过自我反思，我们更清楚什么才是对我们重要的，也只有这样，我们才可能知道自己想要的是怎样的生活。你有没有发现自己其实在盲目地生活，每天为生存而做着不得不做的事？如果你对生活有明晰的概念，你就可以拥有目标化的生活。你的生活会发生戏剧般的变化，从生存模式——每天只做最基本的事，转变成理想模式——每天生机勃勃，因为你充满正能量，要用新想法改造日常生活。

几年前，职场妈妈拉丽莎来找我做心理咨询。她的两个孩子当时一个3岁，一个5岁，她既要带孩子又要做一份全天候的工作。她和我预约讨论一些育儿问题。果然，她一到我的办公室，就马上告诉我她的压力有多大。当我问她让她感觉压力最大的人和事是什么时，她回答说："每个人！每件事！"她说她的每一天都被安排得满满当当，显得格外漫长，这让她的耐心消磨殆尽，尤其对孩子们，她更不耐烦，但这又让她充满负疚感，因为她并不想当这样的妈妈。可是，当她精疲力竭的时候，尽管她一再控制自己，但还是免不了冲孩子们撒气。

"我希望能花更多的时间来陪伴孩子们，但是我真的找不到一点时间，这让我更加内疚。"

我让她描述一下她是如何度过一天的。她马上列出了一大堆"事务清单"和截止日期，还有每日"必做项目"，比如给孩子们喂饭、洗澡，等等。

于是我鼓励她认真思考一下，有没有什么时候，她不是在忙着做事，而是在"生活"。她用空洞的眼神看着我，过了很长一段时间，她想起一件事来。有一次，她的一个孩子病了，在她的臂弯里睡着了。她说："我看着她恬美的小脸，心里感到平静而快乐。"我问拉丽莎，你能不能做到和孩子们在一起时把自己的清单和截止日期都抛开？她在回答做不到之后，眼泪夺眶而出。她对于如何和孩子们在“当下”相处已经没有把握了。

我通常会建议父母们每天抽出15分钟的“特别时间”，但我觉得每天多规划15分钟对于拉丽莎来说，可能会有压力，所以我建议她每天抽出5分钟作为“特别时间”，在这段时间里，她和孩子们完全只属于彼此。我还建议她把和孩子们度过“特别时间”的感受写在笔记里，并且开始思考，她究竟可以利用这段时间做些什么。

第二周，拉丽莎又来见我。她一走进我的办公室，我就立即感到她的状态不同了，显得比之前轻松自如。“我真的非常喜欢和孩子们的‘特别时间’！当你最开始建议我每天抽出5分钟的时候，我真的不知道该从哪里挤出时间，但是我现在每天可以找到20分钟！”我问她是怎样做到的。她说，当她开始思考自己是如何度过一天时光时，她意识到自己在电脑和手机上消耗了太多时间。通过反思，拉丽莎知道这不是她想要的生活方式，而且她也不希望孩子们长大后，只记得妈妈守着电脑、抱着手机的样子。她不能做一个总是和电子设备联通的妈妈！她还说，自从每天有了这特别的20分钟，她和孩子们相处得更加平和、融洽。

在第一次心理咨询中，拉丽莎非常清楚她希望成为一位好母亲，她只是不知道该怎么做而已。她知道自己希望改善亲子关系，但她被繁杂的日常生活压得喘不过气。

让我们回想一下，自己是否曾在某个时刻有过非常清晰的计划，例如想要健身塑形或者学习一项新技能。我们究竟是如何着手的呢？我曾经计划减重5斤，如果我不付诸行动只是想想而已，估计永远也达不到目标。

只有当我开始思考“我做些什么能让自己减重”这个问题时，我才真正开始启动这一计划。我会反思自己的行为：我是否坚持有节制地进食？是否经常去健身房锻炼？当然，答案都是否定的。我意识到只有改变这些行为，我才有可能达到自己的目标。

我们大多数人都为自己设置过目标，但如果不花时间认真思考自己的行为模式，我们几乎不可能实现目标。艾伦·R.麦肯纳曾在一篇文章里写道：“目标虽多，但实现目标的过程需要我们了解自己身处何处，从现在开始，我们距离目标还有多远。心理学研究表明，当我们意识到自己和目标之间存在的差距时，由此所产生的消极情绪对促使自我提升至关重要。”

这是否意味着我们必须经历挫折，产生消极情绪才能做出改变？答案是否定的。但消极情绪确实会促使我们做出改变。通过做心理咨询的经历，我发现，大多数父母在陷入危机前通常都不会主动寻求帮助。只有家庭中的消极情绪达到临界点，他们才觉得必须要有所改变了。这或许是人类的天性，只要没有觉得过不下去，人们更愿意关起门来自己面对问题。但我相信，我们其实大可不必等到真的遭遇失意，再来为自己或家人做出积极改变，一定还有更好的方式。我们都有机会选择怎么过好每一天。只要你关注并认真思考你的生活，你就能更敏锐地把那些问题及早处理，不让它们引发危机。

在当妈妈的这段漫长旅程中，导航系统引导我们不偏离方向。尤其是孩子们让我们有机会每天审视自己的行为，并决定自己想要成为一个怎样的人，成为一个怎样的母亲。只要我们愿意花时间仔细观察，孩子们就能成为我们的导航系统。只要我们留神关注，我们就能得到有效的信息。你还记得当你全身心地和孩子们相处时，当你认真聆听他们和你分享故事时，他们脸上的表情吗？他们是微笑还是兴奋？你是否觉得那个时候的他们脾气更加温和，你们相处得更加融洽呢？当他们不被关注、不被倾听时，你是否记得他们的样子？或许当时你正在为一个工程项目奋笔疾书，或许你正在查看重要的商业邮件，或许一天下来，你已经筋疲力尽……你也许会看到他们眼睛里隐隐有泪光，然后垂下头，叹气，沉默地离开。也许你真的太专注于自己的事情，都没有留意到有多少次他们试图来吸引你的注意。

作为父母的我们，每天都有繁杂的事务，所以我们很有可能错过一些重要时刻。但是，如果我们足够敏锐，能够注意到孩子们的表达，我们就有机会更清楚地了解他们的感受和行为，从而决定我们能够给予什么帮助。而这一切的前提是，我们能够全身心地和孩子们相处。

当你真正地关注到孩子时，你就能做出更明智的思考和行动，这对自己和孩子都更好。或许你会决定暂停手上的事，和孩子们一起“过家家”，或许你会和孩子先玩糖果乐园的游戏，再去洗衣服。通过一段时间和孩子们的全身心相处，你会发现自己不但更善于理解孩子的想法，也更深入地了解了自己，因为你有足够多的机会去观察、询问和思考。同时，当你开始全身心地与孩子相处时，你会发现什么才是对自己和家庭真正有意义的。

当你全身心地和孩子在一起时，你也教会了孩子一种宝贵的特性——专注。专注让你真正看懂你的孩子，也让你和孩子的关系更紧密，更让生活不再是“自动巡航”，而是有意识的、有感知的、充满互动的。

大多数人并没有养成每天自我反思的习惯。生活中事多冗杂，我们大多数时间都无暇顾及自己的真实想法。直到一些问题出现，比如丢了工作或者家庭关系出现了某种程度的危机，我们才不再浑浑噩噩，我们才开始关注并反思自己的生活。除了发生危机，还有一种情况下，我们会进行反思，那就是我们意识到需要做出改变。这或者源于一种不安，或者源于一种直觉，我们觉得要审视自己的生活。所以我们有时候会有意识地进行改变，但是大多数时候，我们又回到原路。因为，改变真的很难，坚持也很难，我们很容易就会把自我反思这个习惯丢到一边。

我还是鼓励大家花一些时间来进行自我反思，从而对自己和生活有更清晰的认识。接下来的每一个章节里都有“日常练习”，无论你处在育儿的哪一个阶段，这些练习都会对你有所裨益。当你开始练习时，一定不要着急。你花在自己身上的时间越多，你的收获也会越多。这些日常练习会帮助你审查自己的想法和感受，从而走进内心深处。同时我提醒你，不要对自己进行正误判断。善待自己，给自己一些时间，让你了解自己，让你发觉什么才是对自己重要的，让你决定作为一个女人和母亲，你想要做怎样的自己。

现在就来解决问题吧。或许你会慢慢地，不知不觉地，发现答案已经在自己身边了。

——莱内·马利亚·里尔克《给青年诗人的信》

日常练习

- 在当妈妈之前，你是什么样子的?
- 在你当妈妈之前，有什么事会点燃你的激情，让你激动不已，或者让你能一大早从床上一跃而起?
- 你现在还有这样的激情吗? 如果没有，它去哪儿了呢?
- 写出你孩提时代喜欢做的三件事。想起这些事会让你感到激动吗?
- 你能试着回忆起你参加的某个让你觉得时间过得特别快的活动吗?
- 想想最近发生的让你感到激动或十分快乐的一件事。当时的情景是怎样的? （比如，你是在参加什么活动，还是和家人或朋友在一起，或者是在海边度假? ）
- 你准备好重新发现那些让你快乐的事了吗? 有什么阻力吗?
- 如果让你找回生活中的快乐，你能想到用哪三步可以做到吗?
- 如果你觉得自己没有足够的时间，请关注是哪些事占用了你的时间。写下来并问问自己，哪些是可以暂且搁置或放开不管的?
- 当你读完本书的这一章，明白了其中的道理后，你决定……

你现在身处何方？去向何处？

你是否还能记起当妈妈之前的自己？

你能想起过去那些让你激动或让你欢笑的事情吗？

要想有所改变，务必要知道什么是需要改变的。所幸我们都有自己的导航系统，在任何时候都可以帮助我们寻找正确的方向——这就是自我反思，听从内心的声音。是的，我们每个人都有内心的声音。就像导航系统说的那样——重新规划路线，我们内心的声音也总能提醒我们，换另一条路，换一种行为、情绪、感受和反应，等等。

做出改变并不容易，而且往往需要勇气。我们的天性就是在生活中努力保持平衡，让自己对现状感到满意。不过，你可以尝试用这个问题作为衡量标准——这是否有利于我自己或者我的孩子？这样就能更容易做出改变。视野放大后，更容易知道什么是重要的。就像坐在四轮车那个朝后的座位上，你回顾来路，就更清楚现在自己身处何方，要去向何处。

第二章

希望和梦想

生活的艺术就是在“放手”和“坚持”间的最佳结合。

——哈夫洛克·埃利斯

人们怀抱希望，才更有可能创造美好未来。希望鼓励我们走出看似无望的现状；希望让我们憧憬光明的前路，不断提醒我们周遭有善良的人，而不会被每天的负面新闻烦扰；希望鼓励我们保持积极乐观，帮我们度过艰难困苦的时光。

希望也能在育儿路上帮到你。你如果希望自己的孩子长大后成为友善之人，就会教育孩子友善，并且身体力行一些友善之事作为表率，这样一来，孩子友善的概率也就提升了。

一位妈妈告诉我，当她第一次看到她刚出生的儿子的眼睛时，她突然无比希望他能成为一个善良又热情的年轻人。她说这最初的希望，成了她养育儿子的宗旨，就像路线图一样，让她始终有意识地教导和培养她儿子的这些品质。

章节概览

希望和梦想让我们保持对未来的憧憬。正是希望，伴随我们走过育儿路上的所有颠簸起伏，伴我们度过许多个无眠之夜，甚至伴我们走出对自己能否成为好妈妈的质疑和困惑。我们想象着自己和孩子的将来，和孩子们分享梦想，让他们认识到生命的所有可能性，也让他们明白拥有远大的抱负和梦想的意义。然而，如果我们仅仅是抓住自己的希望和梦想，而不花时间去审视它们，它们就永远只存在于期望中。同时，这种期望会限制我们和孩子。在陪伴孩子长大的过程中，只有我们学会放手，孩子才能获得自由发挥潜力的机会。这是我们能给孩子最好的礼物之一。

我常听人说希望是天真、软弱、被动或不现实的代名词。最近，我和一位女性朋友聊起希望。她说她认为希望是软弱，就像是光想着天上掉馅饼一样。她说“你必须有所行动才能有所得，不能光靠想象”。在她眼里，希望是消极、被动的。我觉得这种想法不太可取，因为一旦没有希望，就不太可能采取行动，让事情向希望的那样改变或发展。但无论怎样，在当妈妈之前，你可能对自己和孩子都满怀希望，当你开始踏上育儿之路时，这种希望让你更加专注于自己的想法。

梦想其实就是从希望的种子中萌芽的。希望会让你产生想要某种事物的愿望，然后，梦想就形成了。给予它能量，你就获得了采取行动的动力，使你的梦想成为现实。

过去是知识的源泉，未来是希望的源泉。

——斯蒂芬·安布罗斯

梦想和现实

大多数妈妈踏上育儿之路的第一步，其实早在她们期待孩子到来时就开始了。当你第一次得知你有了宝宝的时候，你或许就已经开始想象这个小家伙了。宝宝是如何来到你的生命之中其实并没有那么重要，或许是通过你的子宫，或许是通过其他方式，但总归，你将要成为母亲。从你想象孩子的过程中，你就开始为孩子生出希望和梦想了。对育儿的希望和梦想也远远早于你亲身踏入育儿“战壕”。回想一下你那时的希望和梦想，和现在的是否不同？你的孩子，或者还是个婴儿，或者已长成青少年，他和你最初的想象是否一样？或许你看到了一个无忧无虑的顽皮孩子，或许你看到了一个害羞的自己。

“在踏上这段旅程之前，你或许并没有过多地关注过为人父母的艰辛——情绪失控、孩子们每天制造的混乱、漫长的不眠之夜，等等。”《孩子的到来如何改变你的生活》的作者珍妮弗·辛尼写道，“我们幻想中的育儿生活，和我们平庸现实中的育儿生活大不相同。”

虽然现实有可能会接近你的梦想，但也可能会有令人惊讶的反差。

这就像在你成为母亲之前，你总是抱着不认同的心态去看其他母亲。我记得当我怀上第一个孩子的时候，我在商店里看到一个 2 岁的孩子在哭闹打滚，他的妈妈在一旁恼羞成怒却束手无策。我当时心里不无得意地想，我的孩子绝不会这样。当然，后来事实多次证明，我的想法是错的。母亲的梦想会影响到她日后的育儿风格和亲子关系。最初我们可能意识不到这有什么作用，但是它确实能够帮助父母在育儿时更有自主意识。当我女儿怀孕 8 个月的时候，她和我谈过她想要帮孩子建立什么样的价值观。在做计划的时候，她和她丈夫都决定将来要限制孩子在电子产品上花费的时间。正是因为他们及早规划，而不是等到面临问题才仓促应对，所以他们能够在早期就积极地引导孩子，并以身作则地影响孩子。

凯瑟琳·威尔森，知名博主“粉靴妈妈”，分享了一些她对孩子的希望和梦想：

· 去爱和被爱。

· 永远不惧将来。

· 即使真理之路布满荆棘，仍要坚持走下去。

· 勇于展现真我，不落窠臼。

· 接受每个特别的个体，不歧视、不议论。

· 无论发生什么事，永远记得父母之爱。

· 给自己时间独处。

· 如果你决定做某事，就一直坚持到底。

· 不要总是听父母的（我知道这一点很奇怪，但是我希望孩子学会自己做决定，这就让你必须在有些时候不被他人意见左右，包括你的父母）。

· 承认错误，并吸取教训。

希望源于黑暗，它顽强不屈，只要你开始朝正确的方向努力，黎明就会来到。你只需等待和观察——只要绝不放弃。

——安·拉莫特

无论你的希望是为了你自己还是你的家人，它们都是你人生道路上的灯塔。母亲们通常都会希望自己的孩子长大后成为有责任心的成年人。仅凭希望并不能保证孩子们一成年就如人所愿。但希望会促使母亲们在每天的日常育儿中，有意识地引导孩子学会负责任，并为自己的选择承担结果。

凯特曾经给我打过电话，当时的她很沮丧，她说她的主要目标是培养一个有责任感的儿子。当她说起她 15 岁的孩子曾经是个多么温柔又有责任感的小男孩时，她的声音显得很轻松，但是接下来她的声调突然发生了改变："我可爱的小男孩上哪儿去了呢？我感觉就像是有人把他绑架并且调包了，重新塞给我一个粗暴、刻薄的年轻人。"她在叙述中不断地强调这个问题——作为母亲，自己究竟哪里做错了？她完全陷入了迷茫。她不但感觉到自己失去了过去那个优秀的儿子，而且也失去了继续教育儿子的信心。她过去的教养方法现在已经完全不管用了，更糟的是，这些方法似乎还起到了反作用。

我让凯特明白她的感受是正常的，并向她说明一个孩子从幼儿阶段向青少年阶段转变的真实情况。通过我们共同的努力，凯特更好地理解了她儿子目前所处的成长阶段。她儿子已经不再适合之前的教育方式了，所以与其去管理他的行为，不如成为一个顾问。在学习新的育儿方法的过程中，凯特重拾了希望和信心，也看到了积极的成果。她明白了教育一个十几岁的孩子，不需要太微观、面面俱到。同时，我也鼓励她，不管她的儿子经历多少起伏反复，甚至表现得暴躁冲动，都不要失去对他的希望，也不要放弃将他教育成有责任感的年轻人的初衷。凯特逐渐学会了安抚自己的焦虑情绪，将自己的希望和梦想作为教育的力量。其他的，就交给她的儿子自我成长。

最近，我在公园散步的时候又遇见了凯特。她十分高兴地走向我，并自豪地告诉我，她的儿子确实成了一个优秀的年轻人。她感觉最糟糕的时候已经过去了，现在她的儿子能为自己做出好的选择和决定。

希望或许并不能成为好结果的保证，但是它无疑会让人坚持挺过艰难的时光。那些流产过的母亲大多都是因为希望，才有勇气再度怀孕和生产。抱着孕育和养育一个健康宝宝的希望，她们才能够抛开痛苦继续前行。

大多数父母在育儿路上会经历各种各样的挑战。我遇到过一对年轻的父母，他们就遭遇了巨大的危机，这场危机几乎熄灭了他们成为父母的希望。戴维和艾莉森在焦急地盼望着宝宝的到来。不同于许多父母在等待孩子出生的过程中所抱有的期盼和兴奋，他们也十分焦急，不过是因为其他的原因。产科医生通过早期的超声波图像反复提醒他们，孩子极有可能有先天性健康问题，甚至无法存活。让这对夫妻每天坚持下去的正是“希望”——他们希望他们的宝宝能够活着，甚至能健康成长；希望医生或许说错了；希望医院的仪器出了问题或者检查结果不够准确。抱着这些希望，这对年轻的夫妻拒绝做最坏的打算。

最终，他们的儿子平安诞生了。虽然他确实有一些先天健康上的问题，但这对夫妻对现代医学满怀信心，因此他们对孩子的将来依旧充满希望。戴维和艾莉森靠着希望，坚持将儿子带到世上，他们接下来依旧会用希望培养儿子健康成长。

日常练习

现在让我们花一点时间回忆一下当你憧憬着成为母亲时，你的希望和梦想。

- 在我成为妈妈之前，我希望我的孩子会……
- 当我怀着宝宝时，我希望我自己是一个什么样的妈妈？
- 这些希望和梦想，让我和我的孩子有了什么样的收获？

孩子的大梦想

大多数孩子天生就是乐观派，他们充满创造力，而且拥有天马行空、毫无约束的想象力。孩子们善于怀抱希望和梦想，并且全心全意地相信。

在他们还小的时候，他们从来没有想过他们的希望和梦想或许不会实现。你是否尝试过告诉一个 4 岁的孩子，他长大后不会成为蜘蛛侠？

内在的怀疑精神在孩童时期还没有形成。父母们通常会把孩子们的梦想不当一回事，认为孩子是异想天开。然而，成年人的态度，却会真实地催化或摧毁这些梦想。作为成年人，你当然可以对这些梦想的真实性持有怀疑态度，但同时，为什么不相信梦想的神奇力量？为什么不能支持孩子们努力将其变成现实呢？作为母亲，如果你相信生命的种种可能，你就拥有了最强大的力量来引导孩子们构建自己的梦想，并指导他们实现梦想。

成功的人都有大梦想，比如比尔·盖茨、华特·迪士尼、阿尔伯特·爱因斯坦、斯蒂芬·金、奥普拉·温弗瑞、史蒂文·斯皮尔伯格，等等。他们都有共同点：有梦想，对自己有信心，有实现梦想的强烈愿望。此外，他们或许都相信自己的母亲。

以下是一些帮助孩子培育梦想的方法：

· 让孩子充分自由地梦想。

· 教他们一些生活技能帮助他们实现梦想。

· 让他们尽量多学知识，同时多动手创造。

· 让他们学会“跳出来”思考。

· 引导他们树立积极的世界观。

· 鼓励他们相信自己的梦想。

· 告诉他们，你也相信他们的梦想。

· 教会他们付诸行动。

· 让孩子们知道你对他们满怀希望。

· 告诉他们失败不要紧，至少有机会重新评估并做出改变。

· 克服困难，给孩子当好榜样。

· 永远支持孩子。

这些都是抽象的概念，我们还需要为我们的爱、希望和支持找到最为恰当的表达方式。以下是一些可以帮助孩子培育希望的具体方法，或许会对你有些启发：

· 让自己成为孩子们追求希望的典范。

· 和孩子们分享你的故事，比如希望是如何让你始终保持积极乐观的态度的。

· 日常生活中经常提到“希望”这个词。

· 承认希望在你生活中的重要性；让大家明白是希望让你能够面对充满挑战和不安定的环境。

· 提醒孩子们每天都是崭新的一天，要对美好的明天满怀希望。

· 教会他们仅仅依靠“希望”并不能真的让他们美梦成真。

孩子们并不是天生就会满怀希望的，通过这些方式可以让他们学会把希望融入生活。这一点对孩子们来说至关重要。研究表明，虽然培育希望要花费不少时间，但会让孩子们获益明显。美国至善科学中心教育主管维姬·扎克罗夫斯基博士研究发现：“有着更大希望的学生学习更为优秀，同时也拥有更好的人际关系，还表现出更强的解决问题的能力。”

心怀希望的孩子更容易看到生活中的种种可能，他们通常会相信任何事情都是有可能的。作为父母，我们更应该帮助孩子们保持希望和梦想。心怀希望的孩子为了追逐梦想，会更加努力，也更加专注于做好自己该做的事情，从而实现愿望。

同时，还有一件事我们必须教会孩子们，那就是希望并不只是空想，它需要积极主动地付诸实践。如果你家的中学生十分希望能进入学校的足球队，可他从来没有认真地练习，也没有用心思考如何来提高球技，他就会知道，希望永远只是希望而已。你可以教孩子们根据他们的希望来设立目标，甚至可以用“头脑风暴”来启发他们找到实现目标的方法。如果你家的小姑娘憧憬长大后当演员，你可以帮她报名参加表演课程。提醒孩子们，追逐梦想需要热情、实践和耐心。

和支持孩子们的梦想同样重要的是，我们需要帮助他们做出理性的判断：哪些梦想是值得坚持下去的，而哪些是得放弃的。对于从童年起就抱有的梦想，有时孩子们甚至成人都是很难放弃的。

17 岁的扎卡里从 4 岁就开始梦想当一名宇航员。尽管扎卡里始终坚持自己的梦想，但是科学和数学这两个科目着实让他头疼。虽然老师们经常给他进行额外辅导，他也请了家教老师，花很多时间来学习，但是他这两门科目的成绩仍然远远落后。他开始意识到自己或许无法实现宇航员的梦想，因为他明白学好数学和科学是成为宇航员的基本条件之一。尽管他对于放弃自己的童年梦想十分难过，但扎卡里在父母的帮助下开始发展其他的兴趣。

你的儿子或女儿或许也会不得不放弃他们本来的追求，但是他们也会发现另一条同样让他们热爱的职业道路。作为父母，我们应该引导他们适时地改变梦想，从而找到更适合自己的生活方式。在这个过程中，不断地明确和“修订”梦想至关重要，这个过程可以贯穿我们整个人生。

什么时候放弃梦想

基于现实的希望和梦想会让我们受益。如果你认真地“检测”自己的希望和梦想，你会发现有一些和当下的情况并不匹配。发觉这种差距十分重要，它让我们明白哪些梦想可以坚持，哪些梦想应该放弃。有时候放弃一个长期坚持的梦想真的不是易事——让我们放下那些不再适合的人或事，真的需要很大的勇气。然而，我们必须时刻明白，坚持一个不适合自己的梦想，对于自己和孩子来说都毫无益处。

我曾经和吉尔共事，她一直希望她的女儿安泊尔能够遵循家庭传统当一位老师。安泊尔小时候确实很喜欢玩上学的游戏，尤其喜欢扮作老师。很长一段时间吉尔都认为自己一定会梦想成真，直到有一天，已经上大学的安泊尔认真地告诉她妈妈，她要当一名园艺师。吉尔震惊了，她发现，自己虽然一厢情愿地认为安泊尔会成为一名教师，但是她其实从未真正了解过安泊尔的梦想是什么。明白这一点至关重要——我们的希望和梦想对于孩子的成长或许有助益，但不能强加于孩子。尤其当这些希望和梦想并不适合孩子时，它们反倒成了负担，还会引起对抗情绪。

作为母亲，我们常常为孩子们构建梦想，但是界限时常被模糊，有时我们自己也弄不清楚那些梦想到底是我们的还是孩子的。所以我们必须弄清哪些梦想是我们为孩子量身打造的，哪些梦想其实只是我们自己的一厢情愿。当我们强行把自己的梦想加诸孩子时，其实无异于剥夺了他们的梦想。事无巨细地干涉孩子，不但让他们丧失了自己的生活，我们其实也失去了自己的生活。当然，你的儿子或女儿没有实现你为他们构建的梦想，你一定会失望，但是现实就是这样——这是他们的人生。让孩子们真正自由地过自己的生活，同时你也享受自己的生活吧。

我承认，有时我们很难把现实和梦想区分开来。你的希望和梦想往往是基于你先入为主的理念。根据词典的解释，“先入为主”就是“接受了一种说法或思想，以为是正确的，后来就不容易再接受不同的说法或思想”。换句话说，先入为主就是预先确定的。但是基于什么预先确定呢？回想一下你对孩子先入为主的看法，或许在你怀孕的时候就形成了。当时你可能对自己的想法很有信心。或许你和我一样，看着那些在公众场合行为不合规矩的孩子，就认为他们一定缺乏家教。然而，我们的假设，往往是错误的。

基于这种毫无根据的假设，我们通常会自发地认为我们的孩子会表现得很有教养，因为我们无疑是很好的家长。那么，如果我们的孩子行为不端呢？这无疑是随时都有可能发生的事。这种先入为主的概念就会让我们认为自己的教育是失败的。每次你的孩子表现出格（这是不可避免的），你就又一次印证了自己的想法——我是个失败的家长。这种错误的信念会让你对孩子施加更多的控制，试图让他们听话。这种把孩子的责任推给父母的看法无疑失之偏颇，可见基于毫无根据的先入为主的希望和梦想是不可取的。

先入为主的观念也会影响我们的预期。有些父母认为孩子的性情会一直延续到成年，这种期望使得孩子永远没有机会展示自己真正的本质——他们究竟是谁。比如，有的父亲希望儿子成为职业足球运动员，甚至他可能在孩子出生时就把足球放进了摇篮。随着这小小的人儿渐渐长大，父亲的梦想跟着变大。父亲围绕着足球来安排孩子的各项活动。等到孩子终于快要 8 岁的时候，父亲忙着为他报名参加各种足球活动，然而这个男孩实际上根本就不喜欢这项运动。他心里抵触每周末的足球训练，而且找各种借口拒绝和父亲在后院踢足球。但是这位父亲始终没有放弃，他安慰自己他的儿子总有一天会爱上这项运动。等到孩子上了高中，这位父亲再次鼓励儿子争取进入足球队。他期望儿子能够进入校队。然而无论这位父亲做什么，他的孩子终究是不开心甚至有些怨气的。许多十几岁的孩子曾经告诉我，他们参加某种运动的理由是为了让父母满意或者避免父母生气、失望。我认识一些靠体育特长进入大学的孩子，但是之后有些孩子放弃了他们的特长。为什么呢？通常是因为这些运动本来不是他们的梦想，而是他们父母的。可见父母的愿望最好能够和孩子们的梦想结合起来。

先入为主的观念还很容易变成不切实际的期望。消极负面的情绪更容易被注入这些期望中，从而阻碍我们靠近或追寻真正的梦想。

期望就像精美的陶器。你抓得越紧，它越有可能产生裂纹。

——布兰登·桑德森《王者之路》

有一些母亲花了大量的时间和精力改变一些事情。她们希望通过改变给孩子带来好的影响,但恰恰相反,这些改变带来的其实是麻烦。仔细回想,你是否也有这种时候,希望事情会不一样?你坚信只有情况改变了,或者某个人的行为改变了,一切才会好起来。

托妮是我认识的一位母亲,她说她的女儿茉莉刚入学的那一年对她来说简直是莫大的煎熬。她认为茉莉被分进了“错误的”班级,尤其是被分给了“错误的”老师。她觉得茉莉敏感的个性和老师果断坚决的风格是极为不和谐的,因此她断定茉莉在学校一定很难过。托妮觉得老师肯定无法理解自己的女儿,因此也不可能给予她相应的帮助。托妮费了很大精力想把茉莉转到另一个班级。尽管学校没有同意,但是托妮一再坚持。沮丧和挫败感消耗了她大量的时间和精力。然而,尽管茉莉一开始有些畏惧老师的果断坚决,她同时也感受到了老师的善良温和。每次老师花时间来表扬和肯定同学的时候,或者和孩子们分享故事的时候,这个小姑娘都充分注意到了。在老师的帮助下,茉莉学会了放下“防备”,开始在学校表现得活跃而且有信心。所以,这个小姑娘并不想换一个老师。当她和托妮分享她的感受时,托妮才意识到女儿在学校过得很舒心。实际上,她喜欢学校而且表现非常好。托妮发现自己一味固执地想要改变一件事情,实际上是在自找麻烦,好在她意识到这一点并终于放手了。

还有一些不切实际的梦想和希望,比如试图改变周遭环境,也会让人无法正视现实。或许我们太执着于事物“应该是”什么样子,反而让我们身心俱疲,不堪其扰。如果我们不能从执念中走出来,就会带来潜在的有害影响。那么放弃不现实的期望容易吗?这取决于你固执于此的程度。

期望根植于我们给自己编织的故事中。知名的社会学者、畅销书作家布林·布朗就鼓励人们勇于探索和审视自己的故事。她发现许多人都对故事“痴迷”，然而“我们讲给自己的故事大多数都是不真实的”。她强调我们需要审视这些故事，而且尽量还原真相。当你耐心地审视自己的希望、梦想和讲给自己的故事时，你就有了机会接近真实，然后放下那些不再适合你和家人的部分。

日常练习

- 仔细回忆一下，你是否感觉到父母曾对你抱有不切实际的期望？你对于这种期望有什么感受？
- 这种情况对你有什么影响？
- 你是否也同样对你的孩子抱有不切实际的期望？
- 哪些希望和梦想是你应该放下的？
- 放下这些很难吗？
- 有哪些你坚持的希望和梦想最终成为现实？愿望达成之时你有什么感受？
- 我们是否具有帮助孩子构建梦想的能力？如何做到？当你这样做时，孩子的反应如何？

现实的自由

真实才是最大的自由，哪怕它让人恐惧。我听很多妈妈说过，她们害怕看到真实的自己。当我问她们究竟害怕什么时，有些妈妈说，她们害怕发现自己不愿承认的事实。比如，有些妈妈害怕的真相是其实她们根本不想结婚，还有一些害怕承认其实她们并不想当妈妈。不管真相如何，每一个有勇气说出真相的妈妈，都感到了前所未有的轻松和自由。她们放松了戒备，少了挑剔和批判，更好地接纳自己的感受。

大多数女性发现在充当妻子和母亲的角色时精疲力竭，并不是因为她们不喜欢这两个角色，而是因为她们需要更多的帮助和更多属于自己的时间。她们发现在进入婚姻，成为母亲后，她们就不断地迷失自我。当她们勇敢地把这些感受表达出来时，真相会让她们感到轻松自在。

《纽约时报》畅销书作家、著名的互动社区网站创始人格伦农·道尔·梅尔顿就很好地掌握了诉说真相的艺术。她发起了一场社交运动来支持妈妈们说出真相。大多数妈妈不愿意说真话的原因是害怕被别人评头论足。梅尔顿鼓励妈妈们忠于内心并且勇于表达，不再被那些不好的感受左右。她让妈妈们“更相信自己，更勇敢也更善良，抛开追求完美的枷锁，不再假装为人母、为人妻和为人友是容易的事，因为这些伪装会让自己更累”。

追求完美，根植于对自己和他人不切实际的过高期望。我们都不应被完美所累，而应给真实留一些空间。你是否也会偶尔期盼过上不一样的生活？那种和真实的生活不同的生活就像一个美梦，时不时地诱惑着我们，于是我们就花精力来假装自己在过一种理想化的生活。举个例子，一位母亲曾经跟我说，她觉得她的整个生活都是谎言。她说她的童年在嘈杂混乱和颠沛流离中度过，所以她渴望她的生活更加稳定。于是她自然而然地把这种稳定感带入了婚姻和育儿生活中。她不屈不挠地尝试左右丈夫的决定，控制孩子的行为，稳定家庭的氛围。她担心失去，渴望安稳，这让她更加迫切地希望掌控一切事情并让它们井然有序。每天，她的家都必须是“完美”状态，当然，孩子们的行为举止也一样。

无疑，这位母亲和她的家人都成了她童年恐惧的囚徒，每个人都筋疲力尽。之后，她通过自我调节，慢慢学会了放下一些事情，不再试图事事掌控。最终她发现，越自由的生活，就越轻松。一旦她不再尝试控制她的丈夫和孩子，他们也都开始放松起来。

当你给自己机会去审视生活本身时，你会找到让自己更轻松的活法。你和他人的互动会更愉快，因为你不再试图去控制他人。你也因不再“假装生活”而找回了耗费的精力，因为即使生活不尽如人意，你也终于不再需要强迫自己耗费心神去试图改变它。

以上说明了真实生活的好处。然而，面对真实的能力不是与生俱来的，而是通过练习获得的。我家的厨房里挂着一块牌匾，上面写着“本来如此”。每天我看着这块牌匾，提醒自己不要妄图改变生活本来的样子，不要自找麻烦。将不切实际的期望混入看不透彻的现实生活，只会平添烦恼。

记者、作家凯瑟琳·舒尔茨曾说：“思想的奇迹不在于明白世界是什么样子，而在于明白世界不是什么样子。”她进一步说，“我们不仅时常犯错，更糟的是我们根本没有意识到自己的错。”所谓的“现实”其实是通过个人的感知和偏见形成的，偏见往往导致曲解，而这种曲解又被认为是“真实”的。感情破裂就是曲解带来的最常见结果之一。由于误解和偏见，人们会轻易下论断，进而终止关系。作为母亲，你有能力也有责任充分认清你所创造的真实。通过勇敢审视真实生活，你就可以做出明智的取舍——哪些是现实生活所需的，哪些是需要放下的。这里所说的取舍，并不是肉眼所见的事物，而是指你要如何更好地适应生活、适应环境。

畅销书《幸福之前》和《幸福优势》的作者肖恩·阿克尔曾说过：“你百分之九十的幸福感都不是来自外在世界，而是你的头脑。”你对“是什么”的感知和你的相关感觉会直接影响到你的幸福感。

我们都听过“真相让你自由”的格言，然而关键在于我们所感受到的真相是否被曲解。如果真相被曲解，我们或许会对自己和孩子产生不切实际的期望。如果真相被恰当理解，那么我们完全可以看清楚作为母亲的快乐和困难。苦乐相伴，两者并行，才是做母亲的真相，而绝不是两者只居其一。你清楚地知道孩子的优缺点，对他不过高期望也不低估，这样能更好地让他长大后成为自己，也会让你学会享受现实。

真相让亲子关系更加深厚。一旦你放下了自己的掌控需求，放下了长期萦绕不去的不切实际的期望，生活的各种可能性就开始一一展现。切记，一旦期望是来自你而非孩子，就会阻碍而不是帮助孩子成长。期望，如果来自对真相的准确理解和定位，对于个人成长就会有帮助。期望孩子在学校好好学习、力争上游，和期望孩子成为学校最优秀的学生，是完全不同的两回事。作为家长，我们可以引导孩子发掘自己最好的一面。

正视真相需要勇气，但这会让我们明白孩子本来的样子并学会尊重他们。让我们认识到孩子们的梦想，并为他们祝福，哪怕这些梦想与我们当初为他们设想的大相径庭。

日常练习

现在，你愿意放弃一些什么了吗？用这个机会来好好审视那些并不适合家人的梦想吧。

- 过去你放弃过希望和梦想吗？
- 放下这些是否很困难？
- 你有害怕触碰的希望、梦想和期望吗？为什么你害怕触碰这些？
- 如果你开始正视真相，你的生活会有什么改变？
- 反思你的希望、梦想和期望之后，你有什么发现？你会改变吗？如果会的话，你打算怎么改变？
- 和孩子一起讨论梦想是否会改变你们的关系。
- 现在，你打算要……

当你终于张开之前紧紧握住的双手时，你放下的是负担，却为其他各种可能性创造了空间。通过审视，以及梦想别样的生活，你或许会为自己找到一条更为清晰和合适的路。

第三章

你能看清楚吗

让我们敞开心扉的最大秘诀是开放我们的思想。

——维诺妮卡·图盖勒拉《爱的心态》

每天，我们都有机会决定如何看待周遭的世界。我们可以选择用善意或挑剔的目光去看待我们遇到的每一个场景或每一个人。我们看待事物的态度通常会被不同的人生经验影响。但我们其实可以决定，我们是接受还是拒绝过去的经验来影响当前的判断。我们随时随地都在做决定，大多数时候我们甚至都没有意识到自己在做决定，但有趣的是，我们能明显感受到其他人所做的决定。你是否也有这样的经历，当看到有人在训斥另一个人时，你心里会感到不舒服？为什么会有人以一种令旁观者都感到痛苦的方式来贬损他人？但其实，猛烈批评他人的人也十分痛苦，他们看待别人的目光是扭曲的。

我们要清晰地意识到自己看待他人和世界的目光是否被我们的经验或感受所左右，这对我们来说至关重要。你是否曾经驻足思考，自己是如何看待周遭的呢？

章节概览

你是否思考过，你的观点影响了你与自我的关系，以及你与孩子的关系？大多数人都是通过自己独特的视角来看待这个世界的，我们没有意识到这个视角在很大程度上决定了我们所看到的是什么——由我们过去的经历和从各种渠道吸收到的被歪曲的信息交织而成的世界。只有当我们用友善的目光，用充满共情和宽容的眼睛看待世界时，我们才能找到被理解的感受。

用友善的目光清晰地看问题，帮助我们摆脱不理智的假象和判断，深入到我们的感知之下，让我们更贴近真实。将之放置于育儿问题中，我们能够更好地看清楚孩子本身究竟是怎样的，而不再限于自己单方面对孩子的想象。

更清晰的理解能帮助我们建立真诚的人际关系。它始于发现自己被接受和被关爱。当我们能够真正看清我们的孩子——不是只盯着他们的不恰当行为，而是看到他们的真实本质，我们会感激他们出现在我们的生活中，感谢生命赐予我们的奇迹。

当我们放下“滤镜”，完全睁开眼睛，这时我们开始看到现实。这个现实，不再是我们头脑中建构的、自以为是的“现实”，而是会让我们明白真相的现实。当我们更清楚地看待事物时，我们就有能力处理更复杂的问题。同样，我们也会让自己和孩子保持这样一份真实的关系。

> **开放的头脑也是谦虚的头脑，因为它意识到自己所知是如此有限。**
>
> ——罗素·安东尼·吉布斯《生命意义与启示的六项原则》

看见自己

我最近戴上了隐形眼镜。眼科医生向我说明了硬镜片（框架眼镜）和软镜片（隐形眼镜）的区别。当我离开医生办公室时，我突然想到，我们每个人都有可能透过硬镜片或软镜片来看待生活。比如，当你透过硬镜片去看世界时，或许你会更清晰地明白、理解所看到的景象，而若透过软镜片去看，或许会给自己留下更多想象空间。硬镜片或坚硬的视角让我们有机会从更广阔的角度来看待某人或某事，而软镜片或柔软的视角，给我们提供与众不同的角度和方式来理解世界，并和他人产生共鸣。

通常来说，女性和母亲喜欢用硬镜片来自审，批判自己的外表、错漏和失败。我们对自己的期待，其实并不是真实的期待，它成了硬镜片，透过它，我们自责、自怨。

作为母亲，我们有自己看待世界的方式——我们的经验和希望变成了我们看世界的镜片。我们与孩子之间的关系是不断变化的，不仅因为孩子，还因为我们自己也在变化。大多数二孩或多孩妈妈会承认，她们和孩子们的关系并不是完全一样的——和某个孩子相处会更容易些，而和另外某个孩子相处会更难。这些妈妈在承认这一点时，会感到内疚。尽管她们也爱所有孩子，但事实是和某个孩子的相处确实会更融洽。这就是事实，妈妈们无须自责。我们和每个人相处都会有不同的感受，为什么和不同的孩子相处就应该例外呢？如果你只有一个孩子，但觉得和她或他相处也有些困扰，你一定很想知道为什么。

记住，和相似的人相处更轻松，这是人类的天性。你或许在和朋友们相处时有过类似的经验。在你的朋友中，你有没有发现和有些人相处起来比和其他人相处更轻松愉快？你或许很享受和所有朋友在一起的时光，但你会更愿意跟那些和你有很多相似之处的朋友待在一起。这个道理适用于所有人，包括你的孩子。

除了在你和他人之间寻找共同点，你也会透过自己的“眼镜”去看待他人。比如，孩子的某个行为激怒了你，单纯是因为他的举动让你想起了你的过去。你对孩子不断的哭泣或突如其来的暴躁所做出的下意识反应，大多数能在你自己的儿时记忆中找到类似场景。最近，在我的育儿课堂上，一位妈妈说她“顿悟”了。她儿子对她不尊重，这引发了她的儿时记忆，那时她的父亲也不尊重她。现在你知道为什么有的时候我们如此容易带有偏见地去看待一些人或事了吗？这背后最大的原因，来自父母们自身没有解决的问题，这些经历随着岁月流逝而被湮没或淡忘。但当你的孩子发生类似行为时，你的记忆就被重新唤醒了。

你能用温柔友善的眼光来看待自己吗？当你看着镜中的自己或自己的

照片时，你觉得你看到的是谁？你能看到真正的自己，而不带任何先入为主的想法或判断吗？

我认识的许多女性都会花更多的时间来关注自己的缺点。她们这样做的时候往往是无意的，但她们确实很少温柔地注视自己。所以我们也经常听到女性抱怨："我的发型太普通了""我的眼睛太肿了""这张照片里的我显得真胖"……于是她们飞快地将目光从自己身上移开，投注到另一些不满意的地方去。

几年前，我读了卡尔·斯图纳写的《点击！一次选择一种爱》。这是一本优美的书，斯图纳为保罗·麦卡特尼、玛丽安·威廉姆森和迪帕克·乔普拉等人拍照。他说有些人比其他人更有"自我意识"，于是他发问："自我意识究竟是好是坏？"他认为"自我意识其实只是意味着感受到自己"，并进一步定义其为，"意识到一个人的思维方式、说话方式、行为方式和整体表现方式"。这在一定程度上会让每个人都有所启发。

当我们让自我来主宰思想和信念时，我们会变得更爱批评和挑剔，因为这时我们更加难以用温柔的态度来看待自己和周遭的事物。比如，我们总是用挑剔的目光来看自己的照片，但看别人的照片时我们不会这样。我们是最善于批评自己的人。不信的话，想想你最后一次为自己的工作表现感到自豪是什么时候，你还能记得吗？

想象一下，如果你能用温柔的眼睛看着自己，接受自己本来的样子，那么，你的每一天、你的生活，将会截然不同。当你有意识地承认自己做的是对的，而不是刻意挑剔自己，你会发现你大多数时候就是正确的。当你开始关注自己的优点并不吝赞美自己时，你的生活从此不同。《了不起的点滴》的作者凯瑟琳·汤普森鼓励妈妈们尊重自我，爱护自我。她说：“妈妈们就是要让自己感到快乐，为自己小小的胜利感到骄傲。”其实做起来挺简单的，只要你给自己一些小小的肯定，你收到的回报就是爱和包容。当你用温柔的眼光看待自己，学会温柔地对待自己，爱本来的自己，你就会源源不断地获得爱和包容。

爱自己，源于认识自己的优点，明白自己本来就应该被尊重。就像你知道没有哪个人是完美的，所以理解自己和孩子的不完美。与其不断地自责，不如更多地肯定自己的正确之处。批评似乎比赞扬来得更容易，这种情况在我们成为母亲之后更加明显，而且我们在不经意间就提高了自己的要求和期望。如果本来我们对自己的评价是“足够好”，在变成母亲后，就变成了“不行”。

而实际上那些“足够好”的妈妈们，只是更加善于降低“好”的标准来让自己卸下沉甸甸的重担，从而轻松前行。“好”是没有止境的。不然为什么有人眼中“足够好”的妈妈在其他妈妈眼中根本就谈不上“好”呢？妈妈们如果不对自己的内疚感时时加以检视和限制，她们很快就会形成自我批评的习惯。

就像我之前提到过的，很多妈妈都有这种内疚感。她们觉得自己不是“足够好”的妈妈，或者觉得自己远远赶不上其他妈妈。这种内疚感并不是这些妈妈想要的，但它就是挥之不去！它让人意志消沉、自我怀疑，完全没有积极作用。所以，一定要明白，内疚感和自我否定对于你当一个“足够好”的妈妈没有任何好处。

如果你在育儿的过程中感到有不健康的或者消极的情绪在主导你，

那么，是时候该好好检查一下自己的想法了。不要让内疚占据你的内心，一定要做出改变。如果你发现自己因为不能实现对孩子的承诺而产生自责情绪，你最好先想一想是什么原因导致你不能实现承诺。如果你因为对孩子大发雷霆而感到深深自责，那么最好在愤怒到来之前就敲敲警钟。对于内疚，我们最好弄明白它产生的原因，而不要让它始终萦绕在脑海中，不要给它机会把我们击垮。一旦我们将内疚感释放，不让它挡住我们的眼睛，我们就开始看到自己的优点并学会尊重独一无二的自己。

日常练习

当你学会尊重自己时，你也会自然而然地开始看到别人的优点。你准备好发现自己身上的优点了吗？希望你花点时间认真完成以下练习。

- 你是用“硬镜片”还是“软镜片”来看待自己的？
- 你上次自我表扬和自我肯定是什么时候？说出一两个你的优点——我相信，一旦你开始说，你一定会找出更多优点。
- 现在说出一些你不喜欢的、希望能改掉的自身特点。
- 列举两件你觉得自己做得正确的事情；你能从中发现你对“正确”的定义是什么吗？
- 列举两件作为母亲你觉得自己做得很好的事情。

用温柔的目光看他人

你能用温柔的目光看待你周围的人吗？用柔和、温情的目光尝试去理解和接受，而不是想当然。或者你因为过往的经验，习惯了用挑剔的眼光看待周遭。说实话，想当然地认为自己理解他人并批评他人是人类的天性。我们总是喜欢想当然，尤其是对自己的孩子。回想一下，多少次我们看着自己的孩子，想当然地认为自己知道他们的感受，或者自以为明白他们行为的意思。其实，我们的"想当然"大多建立在过往的经验上。每次孩子们情绪低落时，我们会想当然地认为是因为他们没有得到满足。这是很自然的想法，因为我们对孩子说了"不行"，所以他们就不开心了。或许你是对的，当然，你也可能是错的。

父母和子女之间存在着重复模式和习得行为，如果父母看待孩子的目光僵硬而严肃，他们之间的关系也会逐渐变得如此。举例来说，左伊是个 4 岁的小女孩，每次她的父母对她说"不"，她都会生气。左伊的父母无计可施，来向我求助，于是我试着帮助她平静下来，帮她学会控制自己的情绪。很快，我发现，真正让左伊生气的，并不是被拒绝，而是她认为自己的想法并没有被父母听到和理解。其实在她很小的时候，她就发现她的父母并不经常以肯定的方式来回应她的请求，但是每次她听到"不"之后的那些拒绝的理由，都让她觉得父母并不理解她。对此，她非常痛苦。所以，事实上，这个懂事而聪明的小姑娘只是希望能被倾听和尊重而已。

所幸，当我把这些向左伊的父母说明之后，他们很快改变了看待她的方式，并且从左伊的角度来思考问题。这种转变正是帮助他们改善亲子关系、帮助左伊成长的关键点。同时，在我的引导之下，左伊也明白了虽然她提出的请求在当时可能会被拒绝，但是只要她好好提前规划，在合适的时候再次提出，极有可能得到肯定的回答。通过这个过程，左伊学会了延迟满足，同时也学会了用正确的方式来表达自己的想法。左伊的父母终于意识到，并不是“不”本身让他们的女儿情绪低落。他们尝试去理解行为背后的真正原因，同时正视女儿的失望情绪，并帮助她大胆表达自己的情感。在父母的帮助下，左伊学会了解决问题的方法，也开始更好地表达自己并控制自己的行为。

温柔的眼光让我们能看得更加深入。批判的眼光通常流于表象，没有深入问题根源。我们看一眼就做出结论，这就是批判的眼光。如果我们用批判的眼光看待孩子，那么我们就被蒙蔽了，失去了真正了解他们的机会。当一个孩子说“你总是觉得我很坏”，这是因为一旦家里发生什么事情，他总是第一个被责备的人。也许当你听到小女儿的哭声时，你理所当然地认为“肇事者”一定是你 8 岁的大女儿。当你控制不住自己冲过去对大孩子咆哮时，其实你根本没有想过问一句究竟发生了什么。或许你的儿子曾经对你说：“每次我忘了做家庭作业，你都会说我很懒。我其实并不懒，我只是有时候真的很难记起老师布置的每一项作业。”如果遇到这种情况，你是否会停下来想一下，或许孩子是对的呢？或许是我们自己想当然了。

如果你的孩子还很小，暂时还没有这些能够让你换位思考的机会，那么试着回想一下，当你小时候，你被自己的父母误解和批评时，你是多么沮丧。如果我们用挑剔的眼光看待别人并且自以为是地得出结论，我们就很容易陷入动不动就批评别人的怪圈。我们通常会“自我催眠”地把从批评中得出的结论，作为真理和预言，这就是经常说的“越担心什么，越来什么”。

我曾经帮助过许多孩子，他们一度放弃了自我证明，因为他们觉得无论付出多少努力，他们的父母也只是盯着他们犯的错。他们经常说：“其实我做什么根本不重要，因为不管怎样，我爸妈都会骂我的。在他们眼里，我从来没有做过对的事。”

羞辱感始终缠绕着这些孩子，这无疑让他们更为消极，而且很难从错误中吸取教训、得到成长。一旦他们觉得在父母和他人眼中，他们做不了对的事，他们就真的会继续做错事。如果你能够用温柔的眼光来看待孩子，用好奇心来感受他们为什么会做这些事，是什么引起了这样的行为，你就会体验到自己看待他们的方式转变了。这样也会改善你和他们之间的关系，因为你总是能找到一种不同的视角，一种全新的视角，来创造性地帮助和指导孩子。最近，一位单亲妈妈告诉我，她的儿子不愿意尝试学习任何新技能。这位妈妈在帮他儿子学习课堂新知识、钢琴、骑自行车等新事物的过程中遇到了很多困难。于是她得出结论，他不愿意学。一天，一位邻居说想试着帮她教她儿子学骑车。她注意到，她儿子更愿意听邻居的话。他没有抵触邻居的教导，很快就学会了骑车，然后和邻里的小伙伴一起愉快地骑车玩耍。这位妈妈学着用温柔的眼光来看待这件事，于是她开始反思，并从儿子的视角来看自己的育儿方法。她意识到，是自己的焦虑和沮丧影响了她的儿子，让他产生抵触。她的新视角让她改变了育儿方式，她努力让自己更轻松快乐，少一些控制欲，同时愉快地接受其他愿意来帮她教育孩子的家长们的建议。

也许你和你的孩子并没有处在对抗关系中，而是恰恰相反。我遇到过另一位妈妈，她的 5 岁女儿一刻不停地在寻求她的关注。我告诉她，孩子需要关注，而关注，既有积极的，也有消极的。尽管她花了很多时间和女儿相处，但大多数时间，她只是关注女儿是否刷了牙，是否把玩具收好了，或者是否准备好上床睡觉了。我建议她花一些时间和女儿一起玩。这位妈妈说："但是她只想要玩公主游戏，我根本就不会玩。"我告诉她，尽管去玩，因为她女儿会教她怎么玩。

花时间和孩子积极地相处，会让孩子们明白他们很重要，父母很在意他们。当你和孩子在一起时，让孩子们觉得你在认真地倾听和注视他们。这样的"特别相处"甚至只需 5 ~ 10 分钟，只要你明确和孩子们相处的目的在于重视他们，你一定就能实现目标。当然，你的孩子肯定会希望这种"特别相处"的时间更长，切记，一定要让他们知道，你也是这样希望的。如果你还有其他事情需要处理，告诉孩子们，你很喜欢和他们一起，所以你也很期待下次的特别时光。然后，不要忘了你和孩子的约定，做好时间规划并且写在日历上，同时记得告诉孩子，你很期待你和他们的约定。我建议妈妈们单纯地享受和孩子待在一起的时间，而不要试图去教他们一些什么或给他们什么指导，仅仅是简单地看着他们，观察他们如何"栖息在这个诗意的世界"，也可以让孩子来决定你们在一起时做什么。我建议妈妈们都要注意自己的想法，不要先入为主地判断，而要用温柔的眼光看孩子。很多妈妈告诉我这种方法很有用，现在她们不仅可以用更有爱心的方式来看待孩子，还认识到孩子的行为有时并不代表他们真正的想法。

然而，即使我们放慢脚步，试着和孩子们共度特别的时光，我们也可能会因为孩子的某一个举动触动神经，破坏我们好不容易学会的“用温柔的眼光去看孩子”。我之前共事过的几位妈妈，很容易被儿子的情绪失控激怒。这些妈妈的共同之处在于，她们对儿子的怒气会做出自动反应，会自然而然地认为儿子“就像他的爸爸”，并表现出与对待孩子爸爸完全相同的处理方式。

丽莎是一位单亲妈妈，她独自带着两个孩子。10 岁的大儿子艾利克斯脾气暴躁，让她十分烦恼，于是她向我求助。我们第一次见面仅仅交谈了几分钟，她就用恼怒的口气说：“他发起脾气来就像他爸爸一样。我已经厌烦他爸爸的每一次发火。这也是我和前夫离婚的原因，我再也不想让自己和孩子们提心吊胆地生活在他的暴脾气之下。”她接着说，每一次艾利克斯发火时，她就觉得胸闷气短，只想逃离现场。毫无疑问，正是丽莎和她前夫的经历，导致她用同样的眼光来看待她的儿子。直到丽莎意识到她在对待儿子的问题上受到了自己经验的误导，她才真正正视这个问题。换一个角度来看问题，不但能帮助她重建亲子关系，也有利于她儿子试着学会用正确的方式来表达自己的情感。

当孩子们的行为让我们感到生气或反感时，其实并不都是孩子的错。真正的问题是我们的目光受到了自身一些经验的制约，导致我们看到的是扭曲的事实。温柔的眼光可以让我们看得更深，发现问题所在，并且不去贸然评判，这时，我们才有能力去审视和重新思考问题。解决问题其实只是一种选择——选择用什么眼光来看待问题。一旦你愿意这样做，你就能更好地了解自己的孩子，从而引导他巧妙地避过成长之路上的“雷区”。

拿我自己来说，我其实是戴着“玫瑰色镜片”来看我的孩子的，这是一种神奇的镜片，能帮助我观察到各种“有利”情况——有利于孩子，或者有利于我们的亲子关系。而有的时候，母亲们戴上“玫瑰色镜片”也是为了保护自己不受现实的影响，因为有的时候，现实真的会让我们难过。当我还是个小女孩的时候，我也会时常戴上“玫瑰色镜片”，这样我就可以让自己坚强地度过那些用现实的眼光看来艰难的时光。感谢这副眼镜，它真的保护了我。我有个不太幸福的童年，所以我决不能让我的孩子们像我一样。我下定决心要好好地爱我的孩子们，这胜于一切。我把当一个好妈妈视作人生理想，我努力把自己打造成一个既有爱心又有耐心的妈妈。

但是，请注意，“玫瑰色镜片”并不是全能的，它不能时刻服务于我们。因为它会阻碍我们对母爱的全面理解，它让我们只能接受那些好的方面，比如受人尊敬，而过滤掉不那么好的因素，比如当妈妈的艰辛。

在当妈妈之前，你是否留意过有些十来岁的孩子对父母很没有礼貌？这时你或许会对自己说：“将来我的孩子一定不会这样对我。”在你产生这种想法的时候，你就给自己戴上了“玫瑰色镜片”。如果你现在正巧是个十来岁孩子的妈妈，你一定会有共鸣。我也是这些妈妈中的一员，别误会，我依然认为我的孩子们善良、有爱心、有耐心，但他们有时会生气，有时看起来并不是那么善良。这时，请认真想一想，我们自己又何尝不是呢？我们有时也会控制不住自己的脾气，有时看起来也不善良，不是吗？所以，我真心希望我们减少戴“有色镜片”的时间，少一些，再少一些。

让我们接受作为母亲的各个方面，好的、不好的，同时也接受孩子的每个方面，取下那些忧愁的、扭曲的或者理想化的镜片，让我们看事物的眼光更加灵活和包容。这样大家就都会从怀疑、期待、批评和焦虑中解脱出来。

看见孩子

当你对自己吹毛求疵的时候，你就很容易对别人吹毛求疵，尤其是对你的孩子。很多妈妈都有过这种感受，隔一段时间就会觉得自己情绪低落。这些妈妈抱怨，自己的大多数时间都花费在了帮助孩子完成日常任务上，比如吃饭、睡觉、做家庭作业，等等。有些妈妈跟我说，当一天结束，自己终于可以躺在床上，准备入睡时，她们有时忍不住会想，自己虽然看着孩子一整天，但好像并没有认真地“看着”他。有这种感觉是很正常的。大多数人每天花很多时间看着孩子，但其实并没有认真地“注视”他们，至少我们不会把单纯地注视着孩子当作一件重要的事。可是，你有没有想过，你是否曾经不带任何目的地注视过你的孩子？你可曾花时间只是注视着孩子，而不需要教育他什么或者完成什么目标？我们总是只想着完成任务，这就像戴着一副脏兮兮的眼镜，只看得见尘垢看不见美丽。

许多母亲曾经跟我说，当她们和孩子讨论要完成的任务时，其实她们很少注视着孩子。最常见的情况是，妈妈在另一个房间大声喊着孩子，提醒他们该去睡觉了。这并不是因为她们不称职或大大咧咧，而是因为她们太忙了，她们尽了最大的努力。我相信，当时我们都已经尽力，并且努力做到了自己认为的“最好”，但是，一定要到某天我们醒悟过来，才会知道什么叫作“最好”。

让我们仔细回想一下，当孩子回家时，有多少次我们的关注点其实是在他们脏兮兮的脸蛋或弄得乱七八糟的衣服上？我们多少次为孩子们成绩单上“不好看”的分数心烦意乱？我们大多数时候都是如此——关注错误胜于正确。然而，当我们把时间全花在那些不正确的事上，盯着那些需要调整、改变或修正的事情时，我们就失去了真正“看着”孩子的机会。

奥普拉说她最喜欢诺贝尔奖得主托妮·莫里森的一次演讲，莫里森当时向所有的父母提了一个问题：当你的孩子走进房间时，你的眼神是否会有变化？她说：“当我的孩子还小的时候，我经常在房间里走动，以便随时看着他们，看他们是否穿好了衣服，头发有没有乱，袜子有没有弄丢……你认为孩子们自然会明了你的感情和你对他们深深的爱意，因为你如此看重他们，但其实并不是。当他们看到你时，他们只看到你脸上责备的神情。为什么不让我们的表情和内心想法完全一致呢？当他们发现父母看到他们时都很高兴，他们会十分清楚父母是爱他们的。这其实只是一些小事，但真的很重要，也很有效果。”

当你的孩子走进房间时，你的眼睛是否会亮起来？还是你只关注着自己的手边事或思考工作？孩子们需要被看到、被关注，他们希望自己被其他人承认和尊重。

当你真正地看着孩子，看着他们究竟是谁，而不只看到他们的外在时，你才是承认并尊重他们。所有人都渴望被承认，我们需要知道我们不是无关轻重的，那么，还有什么比真正看到孩子的优点更能让孩子觉得被认可呢？所以，请更多地关注孩子们的优点而非缺点，看到他们除了闯祸之外也做了很多正确的事情。我们关注到正确的事，孩子们也会跟着关注到。就像你有一次肯定你的大孩子对待弟弟或妹妹的态度友善（虽然他大多数时候并非如此），这将鼓励他今后更加友善。告诉孩子“我生病的时候你做了家务真让我开心和感激”，会让孩子自我感觉良好，那么他们今后帮助别人的可能性就更大。所以，请提醒自己关注孩子的优点。下次，当孩子走进房间时，希望你的脸上就如你心里一般，流露出对他们的爱。

日常练习

- 你通常用什么样的眼光看待孩子?
- 你是否能回忆起来，哪一次你用温和的眼光看待孩子?
- 孩子的哪些行为会影响你看待他的眼光?
- 看待孩子的不同方式是如何影响你和孩子的关系的?
- “当你的孩子走进房间，你的眼睛是否会亮起来？”当你看到这个问题时，你的感受是怎样的?
- 你用什么办法来转移自己的关注点，从而让自己看到孩子时会“眼睛发亮”？

看看他们到底是谁

回顾你自己的职业生涯，你是否记得自己曾有一段时间像个“局外人”，既无法充分融入工作圈，也无法充分展现自己？或许你觉得有必要隐藏真实的自己，从而和同事们保持一致。

我们总被周遭人的眼光误解，别人眼中的自己和真实的自己其实根本不同。这种误会“大戏”每天都在上演，因为大多数人都喜欢揣测他人。曾经，我被人认为是个“势利眼”，也有人认为我是那种自我感觉良好、傲慢自大的人。为此，我与他人深入地研究和讨论过，结论是，因为我天性比较喜欢安静，所以他人有这种揣测。比如，一群人都在说话交流时，我却不怎么说话，于是有些人就因此判定我是个自负的家伙。说实话，我本人是有些惊讶的。成人的世界里，太容易出现这种错误的揣测了，也因此导致许多人受到不公正的评判。轻易地揣测他人，多令人害怕呀！

同样的道理，对孩子进行揣测一样会让大人们轻易被误导，尤其是父母揣测自己的孩子。正因为是孩子的父母，我们自认为应该是最了解孩子们的人，但是“应该”就是“确定”吗？或许不是。或许你认为自己足够了解孩子，有时也确实如此，但孩子是“复杂的综合体”，同时他们也在不断成长，即使此刻你了解他们，但不代表之后依然如此。我经常提醒身边的爸爸妈妈们，他们的孩子还不是“成品”，仍在成长发育。所以，或许今天你眼前的这个孩子并不是昨天的那个了。我接到最多的咨询，是妈妈们对于孩子说谎的担心，她们害怕这么小的孩子就说谎，长大后岂不是会成为诈骗犯？如果你对自己的孩子也有类似的担忧，我可以向你保证，所有的孩子都会说谎，这是他们听到父母要求自己去做不想做的事，或想逃避惩罚的本能反应。

上初中的孩子撒谎说不知道交实验报告的截止时间是昨天，但这并不代表他们就是不负责任或者偷懒的家伙。事实上，对初中生来说，他们觉得是否收到了同学的周末聚会邀请是比交实验报告更重要的事（尤其是他们认为其他同学都会受邀前去的那种），或许他们也经常忘记家庭作业是什么，但一定不能单纯用“懒”来解释。他们或许更需要在时间管理上得到帮助，给他们扣上“懒”的帽子，并不能让他们学会有责任感。

同时，根据过去的经验快速做出揣测，你就不会尝试用不同的方式来看待孩子。孩子有自己的想法，如果允许孩子说出自己的想法、表达自己的观点，我们至少会对孩子了解得更多、更全面。有时孩子努力尝试表达自己，可是被我们轻易地忽视了，我们更关注结果，然后急于教导、修正他们，以此来维护自己作为家长的权威。实际上，如果我们放下控制欲，我们会得到一次真正和孩子沟通的机会，从而更好地理解他们，并尊重他们的特性。

认识孩子最好的方法之一就是先了解他们的感受。我曾经和凯特一起共事，她有一个 10 岁的女儿艾米丽。在凯特心中，艾米丽是个“个性很强”的女孩，凡事都希望自己来做决定，这让凯特十分沮丧。凯特认为自己给了女儿很多机会来表达自己，但对艾米丽来说似乎总是不够。凯特觉得女儿总是喜欢争论，特别是和自己争论。凯特说，每周她陪女儿去上芭蕾舞课的时候，都要吵上好几次。

艾米丽 4 岁时开始上芭蕾舞课。起初，她每周上 1 次课，很快，她的老师建议她每周去上 3 次课。凯特很高兴女儿能进入更高阶的班级上课，她自己小时候也练过芭蕾，也很有天赋。她在大学主修舞蹈专业，在毕业后她打算加入一个专业的芭蕾舞公司，但这个梦想因为一场车祸终止了。现在她感觉她的梦想会在女儿身上实现了。

从艾米丽会走路开始，她就喜欢跳舞。老师建议她一周多去上几次课，最开始的时候，艾米丽也很高兴，但很快，她就抗议不想去上芭蕾课了。于是每次去上芭蕾课的时候，母女之间都会有一场争论，而且每次争论都是以艾米丽不情愿地坐上妈妈的车去上课收场，但是每次去上课和回家的路上，艾米丽都闷闷不乐。我问了凯特对此的想法，她说她鼓励女儿坚定信念，继续上芭蕾课，而且她坚持认为女儿目前的情况只是遇到了“瓶颈”，“我相信她会克服的。”凯特说。

凯特的这种想法源于自己小时候也曾经有过一段时间不想去上芭蕾课。于是我提醒她，希望她能听一听女儿的想法。于是凯特有些勉强地同意和艾米丽就此做一次交流。第二周我碰到凯特的时候，她告诉我她十分失望，因为艾米丽不想再继续学芭蕾了。艾米丽说虽然她 4 岁的时候的确喜欢芭蕾，但是现在她觉得自己已经没有兴趣了，而且她不喜欢每周去上课，让她去上课的唯一理由是可以见到她的朋友们。艾米丽说她可以为了母亲继续去上芭蕾课，但是她真正喜欢的其实是踢足球。

虽然凯特很失望，甚至想强迫艾米丽继续上芭蕾课，但是最终她放弃了。她想起自己和女儿一样大的时候被迫去上钢琴课的场景。凯特的母亲是钢琴演奏家，所以希望女儿和自己一样学钢琴。虽然凯特一直坚持学到了 17 岁，但是为此她对母亲是有怨言的。同样，芭蕾是凯特自己的爱好，而并非她女儿的。

后来凯特跟我说，这件事教会了她一个很重要的道理，那就是让孩子表达自己的感受，尊重孩子的意愿。她只是给了女儿一个表达自己的机会，她就能真正理解女儿的感受。她尊重了女儿的意愿，因为女儿是女儿，有自己的人生，而不是为妈妈的愿望而活。

孩子们都有发言权，关键是要让他们有机会发言。我们要尊重他们本身的样子，而不是逼他们成为我们想要他们成为的样子。过于轻率地揣测他们是什么样子、是什么人，就不再有机会靠近他们去发现他们真正的样子。或许，我们都应该睁开眼睛，真正地看着孩子，我们就会通过他们的行为，发现他们真实的样子，而这，才是他们的本质。

通过孩子的眼光看父母

如果你尝试从孩子的眼光来看待自己，你的教育方式是否会有所改变？我相信，如果我们认真审视自己在孩子眼中的形象，我们可能会更注意自己的为母之道（为父之道）。

你是否记得儿时的自己是如何看待父母的？现在，让我们沿着时间之河溯流而上回到童年。当你想到童年，你的感受如何？是否充满着温暖、时时感受到关爱呢？或者你有什么不同的经历吗？

我会经常问那些年轻的爸爸妈妈们一个问题：请用一个词来概括自己的童年。你究竟会选择哪个词来形容你的童年？我选的词是“不确定”。

我生长在父亲酗酒、母亲有边缘性人格障碍的家庭。每一天我都不能确定会如何度过，所以我始终十分警觉。我尽最大的努力来维持家庭的平静，并没有人安排或者要求我这样做，但我依然满怀热情地坚持，就像大多数和我处境相同的孩子一样。虽然我爸爸是一位慈爱的父亲，经常管我叫“爸爸的小姑娘”，但我从不指望在我有需要的时候可以依赖他。至于我的母亲，通过我的眼睛，我学会了观察某些迹象以预测她的“不稳定”情绪，而这些迹象也不是一成不变的。在外界看来，她很关心人，也很善良。虽然她大多数时候确实如此，但在家里有时她会变成另一个人。我总能感觉到她的不快，有时这种不快会变成暴怒。于我而言，我只能像故事里那个等着另一只鞋子落下的人，观察、等待，等待着她潜在的愤怒爆发。

正因为“不确定”的童年，我发誓要给我的孩子们一个完美的童年。我决不让我的孩子们遭受同样的童年经历。但我没有想到的是，因为我的这些想法和做法，带来了另外一些问题。我倾尽全力，煞费苦心，却在不自觉中对自己和孩子都产生了不切实际的期望。

童年经历往往会给我们留下深刻的印象。我们的父母如何教导我们通常会成为我们教导孩子的蓝本。在不知不觉之间，我们可能就成了我们父母那样的父母。而如果你生长在一个非正常家庭，就如我本人这样，那么你就有可能选择和自己父母相反的教育方式。但无论你选择了何种教育方式，孩子们都在观察，并通过你学习如何处理与他人的关系、如何管理自己的情绪，以及如何适应这个世界。

你有没有发现，孩子们看向我们的目光是如此专注？你是否注意到，孩子们会模仿我们的言行？我的丈夫意识到这个问题，是在我儿子 4 岁的时候。一天下午，他们在院子里玩，我儿子碰巧看到我丈夫头上的棒球帽是反着戴的，我儿子什么也没说，若无其事地沿着院子溜达了一圈，可是当他再出现在他爸爸面前时，他也把自己的小帽子反过来戴了。这件事引起了我丈夫的注意，提醒他作为父亲的责任。他开始更加注意自己的言行，并有意识地努力控制自己尽量多用文明用语，不说脏话。

孩子无论年龄大小，他们都在观察。正是通过观察，他们学会积累经验。童年经历会给他们留下或积极或消极的影响。必须承认，我们对孩子如何看待这个世界起到了重要的引导作用。

作为成年人，童年经历会影响我们的世界观。仔细想想，你是否曾经根据自己的经验，对伴侣、家人或同事产生过期待？在他们面前，你是否能放松、有安全感？或者正好相反，你会因为他们的言行感到紧张？我们的童年记忆始终伴随着我们，并且会被轻易唤醒并发挥作用。

作为父母，如果我们可以从孩子的角度来看待自己，或许，我们会用不同的方式来对待孩子。当然，这绝不是说我们要遵从孩子们的所有期望，或者迎合孩子们的每一个念头。这只是给了我们自己一个机会，当有一天孩子被要求“用一个词来形容你的童年”时，他可以给出一个让自己和我们都满意的答案。

日常练习

- 成年后的你是如何看待父母的，选一些你记忆深刻的片段并描述一下。
- 用一个词来形容你的童年。
- 你认为你的孩子会选择哪个词来形容他的童年?
- 如果以上练习中，你所选择形容童年的词恰好就是你的孩子所选的，你对这个答案满意吗？还是你希望答案会有所不同？请试着解释一下你为何会如此希望。
- 作为母亲，你认为你的孩子会怎样来评价你?
- 你能做些什么来改变你在孩子心目中的形象?

走出旧樊篱，拥抱新事物

你准备好用一双澄澈之眼来看待自己和孩子了吗？你是否准备好用更好奇的心情和更宽容的态度来接纳孩子的一切可能性？之前你或许会拒绝这么做，因为你害怕。但是请记住：只有真相才会让你勇敢。我并不是让你一下子把过去那套观念全部抛下，但是你必须认清它们并仔细地选择其中仍然适用的部分。也许你终于能够承认自己并不是一个完美的妈妈（难道真的有完美的妈妈吗？），也许你终于有足够的勇气大声说出当妈妈并非始终只有快乐和幸福。当你终于可以不再因为世俗陈规或他人的评价而活，你才能看到作为母亲的真实意义，你才能够明辨事理、去伪存真、适时放弃，你也才能够有机会从不同的角度重新审视、重构生活。

你对自己和孩子的看法不再是一成不变，而是灵活多变。这种变化也会逐渐瓦解你那些根深蒂固的陈旧观念。拜伦·凯蒂在她的《一念之转：四句话改变你的人生》一书中建议我们学会质疑自己的假设和信条。她说："当我相信自己的推测，我就会陷入痛苦，而只要我不相信自己所做出的推测，我反而不会痛苦。这种情形每个人都会遇到。自由其实如此简单，而痛苦其实是可以选择的。"

当我们能够放下长久的执念，看到事物的真相，我们会发现自己拥有了一片新天地，能够对孩子、对自己和对母亲这种身份产生新的看法。世间本就嘈杂，让我们自由拥抱并学会热爱这不完美的世界吧！

日常练习

- 目前的现实生活中，有什么是对你和你的孩子来说难以面对的吗？如果有，为什么？
- 请选出两件你愿意换一种视角来看待的事情。（请注意重构你看待这些事的角度。）
- 你觉得你能做些什么改变来支持你重构后的新情况？
- 既然你对以上这些都有所知晓了，你准备……

第四章

父母传递的信息，孩子以之处世

羞辱、责备、歧视、背叛、冷漠……这些都会折损爱的根基。只有通过承认、治愈并珍惜这些伤痕，爱才有生机。

——布琳·布朗《脆弱的力量》

许多年前，我曾经从我妈妈那里受过一次令我永生难忘的“教育”。一个冬日的午后，我妈妈在家举办了一个小型聚会。我和我的哥哥们在隔壁房间安静地玩游戏。妈妈和她的朋友们关系亲密，因为她们经常在一起分享当妈妈的感受。她们都很期待这种每月一次的聚会，没有孩子在场（除了有时聚会举办方的孩子会在），这让她们可以自由自在地分享她们的故事、她们的欢乐和沮丧。这种亲密的互动让她们觉得十分开心，而且这种分享似乎可以让她们得到姐妹们的建议和帮助。

妈妈们虽然聊的是她们忙碌的生活，但是聊天气氛却轻松活泼。那次聚会进行到一半的时候，我妈妈叫我和哥哥们过去一起享用茶点。我们当时也十分高兴能参加聚会。让我们高兴的，不光是果汁和糕点，还有当我们置身于一群成年人中间时，那种备受关注的感觉。我们挨着妈妈的椅子坐在地板上，很享受和她靠近的感觉。她继续和其他人聊天，但是突然，我们听到她对朋友们说了一些话，她边说边指了指我们——坐在她脚边的孩子。她边说边笑，但回想起来，我觉得她的笑声可能更多是一种对紧张的掩饰。房间里顿时安静下来，其他人都不知道该看哪里了，于是她们只好都低着头看着自己的点心盘子。这些话——“我没有办法选择我的孩子，所以我觉得对他们，我真的是尽了最大的努力了”——是从我妈妈口里说出来的。我记得我的哥哥们和我坐在那儿，看了看彼此，最后都看向我们的妈妈。也许是我们听错了，也许是我们误解了她的意思。她说的一定不是这三个乖乖坐在她脚边的小孩子吧？

然而，后来我才发现，这并不是我妈妈第一次或最后一次说出这样的话。这好像是她的口头禅，尤其当她在这种聚会时，她经常说出一模一样的话。这些话始终萦绕在我心中，也迫使我拼尽全力成为一个好女儿。然而无论我做得怎样优秀，我始终心存自卑。多年以后，我自己也当了妈妈，我始终记得一定不要这样说自己的孩子，同时，这也启发了我从事父母教育的工作。

后来我发现我妈妈患有边缘性人格障碍，这才解释了她许多古怪的言行。即便如此，当年她说的那些话，一直是我们兄妹心中深深的烙印，有时我甚至怀疑它已经渗入我们的骨血，难以抚平，无法抹去。这些话击中我们的要害，让我们从童年到成年始终无法摆脱。她向我们传递了一种没有价值的价值观。我永远也无法知道她说出这些话究竟是有意还是无意，但这也不重要了，因为一旦说出口，伤害已经造成，覆水难收。

多年后，通过大量的自我开导，我开始学习重新理解这些话——也就是从不同的角度来看。我现在可以说，是的，我妈妈确实既无法选择孩子，也无法选择父母，作为受到童年创伤的孩子，她真的尽了最大的努力。以她有限的知识和能力，她无法修复自己童年时受到的创伤，因此，这部分创伤时不时会暴露出来，或引起新的伤害。我妈妈说过的这些话，一定是她童年时接收到的不良信息的沉淀。

章节概览

言语伤人。大多数人可能都记得你的父母、祖父母、邻居或老师说过的某些令你难过的话。说出这些话的人或许基于善意，但这并不重要，重要的是他们选择用何种方式来说。善或恶，好或坏，都在一念之间。这种选择大戏，每天都在上演。

除了语言，孩子们也会接收到那些我们没有说出口的信息。大多数孩子会把这些信息内化为自己的准则或标准，有意或无意地将之带至成年。当然，并不是所有信息都是负面的或者有破坏性的，孩子们在接受和消化这些负面信息的同时，也会接收正面积极的信息，而所有信息都会影响孩子如何看待自我、如何与他人相处。

信息问题

毫无疑问，我们每个人都带着童年的大量信息长大。如果这些信息大多数都是正面积极的，无疑是一件大好事。最近我和我的嫂子聊起她的童年信息，她觉得自己从童年信息中收益颇丰，所以她一直十分珍视这些，并乐于和大家分享：

· 享受小小的琐事和快乐的时光……也许它们会一去不复返。

· 小心别吃太多了，不然你的裤子就要被你撑破了。

· 伴着歌声醒来。

· 对任何事情都要抱有质疑之心，不能听之信之。

· 如果有免费的食物，人们都会不劳而获。

· 头脑是上天赋予我们的最好的礼物，所以我们要好好地用脑。

也许你也可以从童年记忆中提取出很多积极的信息，而你也会把它们传递给你的孩子。也许你的头脑中还有一些负面信息，它们在你的脑海中反复闪现。因为回忆它们太令人痛苦，你或许尝试忘记或深深掩埋掉它们。然而，一旦某人或者某事触发了你，这些隐藏的信息会再次浮现。

为人父母，其实是赋予了你一次机会，改写这些让你痛苦的童年信息。你可以重新注释和改编这些多年来挥之不去的信息，你终于可以摆脱负担轻松前行，努力创造更多健康而积极的信息。家族信息，被一代一代地传承，又通过改写的方式成为具有改造和治愈后代的力量！

这听起来是不是就像天方夜谭？并非如此。但在进行改写之前，你必须学会识别和解析以各种形式出现的消极信息。有些消极信息或许并不来自你的家庭，但你也可能会从其他的渠道接收到它们，可以说，消极信息其实一直存在于你的整个成长过程中。这些信息都是你健康成长道路上的绊脚石，阻碍你前行。而你也极有可能在无意中把这些信息传递给你的孩子。

此外，童年信息有时并不只是来自父母，还有可能来自兄弟姐妹。即使是最相亲相爱的同胞子女，也有可能因为沮丧或嫉妒而向对方发出伤人的信息。每个孩子其实都会骂人，他们还会互相取笑，尤其是当父母不在场时。我想提醒父母们，即使是最乖的孩子，也有可能会发出消极信息来伤害他人，所以，在家里建立健康的沟通方式十分重要，同时也要留意子女之间的交流方式，因为这些信息同样重要。

同样关键的是，认真回忆和检查一下你童年时收到的信息，不要担心这是浪费时间，因为甄别这些信息对你自己和你的孩子都有益处。

日常练习

- 童年时，你收到过哪些积极和消极的信息？
- 哪些信息是从童年一直跟随你到成年的？
- 哪些信息是对你有益的？
- 哪些信息阻碍了你的成长，让你觉得不幸福？

混合信息

我们有时会向孩子传递混合信息。什么是混合信息？它由妮可·施瓦茨提出，作为母亲、育儿指导师、家庭治疗师和“不完美家庭”理论创立人，她认为“没有哪对父母是完美的，没有哪个孩子是完美的，没有哪一个家庭能够始终保持百分之百清晰明确的沟通。生活总有起伏，压力无处不在，误解随时发生，这些都是正常的。沟通永远都是‘现在进行时’”。

我们每个人都有可能在某些时候发出令人困惑的信息。有时我们说的是一件事，而实际意思却完全不是这么回事。

- “你可以问我任何事情……但是现在不行。”
- “你可以跟我分享你的一切想法……但不包括这个。”
- “双手不是用来制造暴力的……除非是我揍你。”
- “不能大喊大叫……除了我对你咆哮。”

即使是在孩子很小的时候，他们就已经发现这种虚伪的双重标准，所以父母更应该以身作则。回想一下你是否说过类似的话：

- “你总是在玩电子游戏。”“等一会儿，我在打电话。”
- “一定要诚实。”“你就说你只有 3 岁，这样你就不用买票了。”
- “犯错没关系。”“你又把牛奶洒了！”
- “不用事事做到完美。”“考试成绩为什么不是‘优秀’？究竟是什么原因？”
- “无论如何，我都爱你。”“走开，我现在对你很失望。”

· “我知道你们俩可以自己解决这个问题。”“够了——你们俩都去面壁思过！”
· “每个人都会有生气的时候。”“你给我安静下来，不许再发火了。”

这类信息不但会让孩子困扰，而且会让孩子觉得羞耻。羞耻感会扭曲孩子的观点，损害他们的自我认知。布琳·布朗说：“羞耻感是一种极度痛苦的感受，它让我们相信自己有缺陷，因此不值得被爱和尊重。”她还说：“羞耻感普遍存在，它是人类最重要的情感之一……只有人类会感到羞耻。”我们都感到过羞耻。羞耻感驱使着我们前进，让我们表达自己或证明自己。它也影响着我们和他人的关系，夸张地说，正是羞耻感使得灵长类动物进化成为人类。但是，如果任由羞耻感自生自灭，不加管理和控制，它会成为莽撞而危险的司机，将我们的生活不知带向何方。它会让我们觉得自己毫无价值，甚至让我们做出一些自己都意想不到的事。

根据布琳·布朗的调查，“在我们的生活中，有三种因素会促使羞耻感失控——秘密、沉默和批评”。在童年时代，我们常常被告知感到羞耻的时候不要表现出来，因为羞耻感既不受欢迎也不被鼓励。大多数人从来没有质疑过那些让我们感到羞耻的信息，我们也从未学会如何摆脱这些信息，这也导致羞耻感与日俱增。如果允许我们坦然说出自己的羞耻感并大方地加以讨论，我想羞耻感就不再会对我们造成什么伤害。

然而，那种觉得自己毫无价值的感觉有时只存在于潜意识，我们自己并没有明确地意识到它的存在，同样地，我们也在不知不觉间，将它加诸他人。我们可能被羞辱过，面对这些情况，我认为应该求助于媒体。我们既有责任也有能力去制止社会中广泛存在的羞辱行为，更何况，大多数时候，羞辱和指责恰恰始于我们自己的家庭。我们对待孩子的方式教会了他们如何对待自己和他人。作为父母，我们有义务停止对孩子的羞辱和责备。沙法丽·萨巴瑞博士在自己的著作《父母的觉醒》里写道："自尊来自被爱。良好行为的驱动力是被尊重、被倾听、被理解，而不是害怕和惩罚。羞辱和指责一个已经很难过的孩子，对他来说无疑是巨大的灾难。"

为了让孩子的表现更符合我们的想法，我们经常会在无意间羞辱孩子，尤其是在我们感到沮丧、挫败或不知所措时。我们小时候也经受过来自父母的羞辱，或许你现在仍在对自己的孩子使用这些语言：

· 你怎么这么傻？

· 你脑子里到底在想些什么？！

· 到底要我告诉你多少遍你才会明白？

· 为什么你不能像你妹妹那样？

· 你就是一个被宠坏的臭小子！

· 不许哭了，只有小宝宝才哭！

· 你完全应该知道这些！

· 走开！让我一个人静一会儿！

· 你太敏感了！

语言真的很重要，它能帮一个孩子建立信心，也能摧毁一个孩子的自信。

“羞辱”虽然看似可以解决最初的问题，但从长期后果来看，它具备极大的破坏力。我们可以从许多学术研究中找到充分的证据，如果父母经常以羞辱或责备作为惩罚手段，孩子长大后会更多地表现出沮丧、焦虑和不自信。

——格雷·瓦尔特斯博士

有时，哪怕父母并没有把伤害性的话语说出口，孩子们都可能会感到羞耻。彼得·S. 思林在《羞耻感：进步驱动力和关系破坏力》中写道：“在很小的时候，孩子和父母或养育者的分离，通常会引发最初的羞耻感。当孩子与父母或养育者相处困难或关系紧张时，也会导致羞耻感的产生。此外，当孩子感到被遗弃或被侵犯时，这些创伤也可能引起羞耻感。在孩子的世界里，所发生的一切事情都会带来一个后果，那就是责备自己。比如，如果父母离开孩子，孩子会认为是自己做错了什么。如果父母生气了，孩子会认为一定是自己的错。”

无论话语是否说出口，孩子们都会敏感地捕捉到我们散发出来的气场。如果我们传达的信息含糊不清，那更糟糕，因此我们一定要注意和孩子说话时的用词和表现。下一次，如果上班已经让你筋疲力尽，甚至着急上火，请在进家门前提醒自己注意和孩子说话的语气。因为话一旦说出口，就无法收回。在说之前，请给自己一点时间调整心情，或者做做深呼吸。告诉自己：我说出的每一句话，对孩子来说都很重要。在说之前，问问自己这些问题：需要说吗？这些话是善意的吗？

羞耻感是孩子能够感受到的最痛苦的感觉；其他的感情都不如羞耻感深刻，因为一旦感到羞耻，伤害就已经深深地烙印在心里。

——格森·考夫曼博士

日常练习

- 在阅读本章之前，你对羞耻感有何了解？
- 你的孩子什么情况下能轻易触发你自己的羞耻感？“导火索”是什么？这种羞耻感，是否早已存在于你的生活中？例如，你觉得孩子不尊重你，你是否在生活中已经感到有其他人不尊重或轻视你？你还能找到生活中类似的“导火索”吗？
- 你是否发现自己对孩子说过的羞辱性话语，其实是在重复当年你父母对你说过的话？

通常，我们认为羞耻感和内疚是一样的，而且它们经常被混淆使用。现在让我们来看看它们的区别。内疚是“犯罪、犯错或做了坏事后所产生的心理”，或者是“由于知道或认为自己做了坏事或错事而产生的不良情绪”。比如，一个小男孩在屋里跑，打破了他爸爸的咖啡杯，于是感到内疚。而如果是产生了羞耻感，他会想：“我不够好，我不可爱，我不行。”内疚通常先于羞耻感。一个孩子先通过感到自己的某个行为“不好”，才会认为自己“不好”。比如那个打碎了爸爸的咖啡杯的小男孩，如果他被反复指责“很坏”，他就会产生羞耻感。也就是说，只有当父母反复提及一个行为所带来的信息，孩子才会开始判断自己的行为和价值是“好”还是“坏”。

消极信息

即使最善良的父母也难免有犯错误的时候。大多数父母都明白，说孩子很笨或者很坏会对孩子造成伤害。很多育儿书籍告诉父母们只需评价孩子的行为而不要评价他们的性格，几乎所有父母都知道，说“你的决定是不对的”肯定比说“你是个坏孩子”强多了。除了这些众所周知的沟通问题外，还有一些沟通中的小错误不会这样明显。

罗恩·塔菲尔博士在《养育方式：好父母可能发出的消极信息》一文中讨论了父母传递出的破坏性信息。我在这里摘抄出几点，看看是否能够引起你的共鸣。

· 你发现自己的孩子被朋友拒之门外，你试图安慰他，让他好受一点，于是你说：“我知道你现在的感受。”实际上你并不了解。

你或许可以想象他的感受，但是你并没有真实地感同身受。虽然你试图去帮助你的孩子，但实际上你假装知道他的感受会让他更失望，并且让谈话陷于冷场。如果你想要理解孩子的感受并且宽慰他，你可以尝试这样说："你看起来很难过，你想和我聊聊吗？"这句简单的话就能让孩子觉得自己可以被倾听和理解。

· 假设你的女儿参加完同伴们的聚会后哭着回家，对你说："我以后再也不跟克莱尔玩了！"你或许会不假思索地开口就说："克莱尔是个好姑娘，你以后肯定还会跟她和好的。"或许她会，或许她不会，但无论如何，这个时候告诉孩子她说的不是真的，就是相当于告诉她你否定了她的感受。你会觉得自己这样说是公正的，因为克莱尔极有可能真的是个好姑娘。也许她还是你女儿最好的朋友，你这样做只是希望她们不要闹矛盾。但不论基于什么目的，这句话忽视了女儿的感受，也有可能让她以后对自己的感受产生怀疑。如果你允许孩子充分表达自己的感受，无论将来他们会成为什么样的人，至少他们会足够自信。当你鼓励孩子勇敢说出自己的困扰和烦恼，同时提供指导和帮助，他们会学会重视和管理自己的感受和情绪。这样也会让孩子学会解决问题。

· 有时我们会给孩子贴上标签，但贴标签会限制孩子的潜能，这无疑是具有破坏性的。告诉孩子"你是家里的运动员"或"你是我们的小舞蹈家"实际上有可能固化他们的发展。一个特殊的标签也会给孩子带来压力，让孩子觉得不应该辜负父母的期望。同时，标签还有可能限制家里其他孩子的发展，让他们觉得自己不需要尝试往同一方向努力，或者觉得自己肯定达不到兄弟姐妹那样的水平。如何做到既能鼓励孩子，又能激发他们的潜能而不被局限于某个范围呢？请记住，多多肯定孩子的努力吧。如果孩子画了一幅美丽的画，多称赞他的画，而不是称他为“家里的小画家”。

· 如果我们对孩子撒谎了该怎么办呢？也许我们根本没有意识到自己有时会对孩子撒谎。比如，10 岁的克洛伊看到爸爸怒气冲冲地出去了，她问妈妈发生了什么事，妈妈也许会对她说：“没什么，一切正常。”很显然，事实并非如此。为了不让父母之间的争吵给孩子带来痛苦或困扰，妈妈说谎了。我们都曾因为不同的原因对孩子说过谎，但其实孩子往往是知道真相的。即使不知道，他们也会想象真相到底是什么。所以最好的办法是，告诉孩子部分真相。为了安慰克洛伊，妈妈可以对她说：“你听到爸爸和我吵架了对吗？我们现在都很难过，但是我们吵架和你没有一点儿关系。你没有做错任何事情。这只是你爸爸和我之间的事，而且我们会一起解决这个问题，很快就会没事的。”

· 你的孩子有没有因为被别人说很傻或者头发像鸟窝之类的事来找你哭诉过？你自己是否记得小时候有同学对你说些很糟糕的话？这种感觉太不好了，尤其是作为妈妈，十分不希望听到这样的话。因为妈妈的天性就是保护自己的孩子。但如果我们对这类事情处理不当，就极有可能在无意中增加孩子的痛苦。比如孩子告诉你他的头发乱糟糟的，你对他说："不管你怎样我都爱你。你是最棒的孩子！"但实际上，你的孩子烦恼的是自己乱七八糟的头发，你爱他并不会让他的头发变得整洁。又或者，你的孩子因为自己被分在最差的阅读小组而苦恼，正希望努力让自己的阅读水平能够有所提升，你的爱当然很重要，可是并不能帮助他更好地阅读。如果你一开始就承认和正视他的感受，并主动询问能够提供什么帮助，他或许会敞开心扉跟你讨论他打算怎样解决问题。这种时候，一个新的发型或洗发产品无疑更有用处；雇一位阅读辅导老师来帮助孩子提高阅读水平，也许能帮他重振信心。你不能永远保护孩子，但你可以帮助他们正视自己的感受，指导他们想办法解决问题。

以上的情形你是否感到熟悉？如果你也经历过类似情况，你一定也想尽最大努力安慰你的孩子，但一定要注意用哪种交流方式更好。不恰当的语言沟通，可能让你陷入焦头烂额、精疲力竭甚至无能为力的境地，但是请不要放弃，我们都曾如此。我们依然还有机会把局面扭转过来。当然，反省和审查我们对孩子说的话，无疑需要勇气，还需要时间。今天，我就敦促你利用宝贵的时间来仔细想想自己对孩子传递的信息。这些信息是健康而积极的吗？还是带有潜在的羞辱性，可能会影响孩子的情感正常发展？归根结底，我们只有先明白究竟问题出在哪里，才有可能解决问题。

日常练习

- 有哪些信息是你传递给了孩子，而你想要进行改变的？
- 你能找出让你对孩子说出这些话的诱因吗？
- 选择两个你认为你的孩子从你的话中得到了负面影响的混合信息，尝试改变你的话语方式，将它们变成正面信息，然后试着清晰地表达出来，并努力增加更多的积极因素。

羞耻感的影响

我不想花太多时间来讨论我们传递的负面信息给孩子所带来的影响，但这些影响肯定是对孩子有害的。我们需要清晰地认识到这一点，并明白这些影响的持久性。只有这样，我们才知道要如何改变我们的沟通方式。

情感羞辱是一种虐待，它可能发生在任何一个家庭里。我们不敢相信我们会羞辱自己的孩子，但是在不知不觉中，真的就这样发生了。当我们对孩子的接受程度取决于他们的行为表现时，我们的爱就变成有条件的了。当我们想要孩子变得更符合我们的想法时，我们会“控制”他们。但是究竟是谁给了父母权力来控制孩子呢？就在我们试图“控制”孩子时，我们不自觉间就会使用“羞辱”的手段。或许你不是有意的，但是结果并无二致。羞辱会伤害孩子，会阻碍他们成长。羞辱的效果通常是无声的，如果不仔细观察，我们几乎无法察觉。

因为打翻了牛奶而被责骂的孩子，也许会低下头，也许会默默离开，但羞耻感无法逃避；那些让父母“失望”的孩子，独自回到自己房间时，一定饱尝了羞耻的滋味；一个小男孩因为问了妈妈一个“愚蠢”的问题而被破口大骂，他一动不动地站在那儿，泪水顺着他的脸颊流淌时，羞耻感也紧紧包围着他；一个小女孩因为发脾气摔东西，被她妈妈拍下视频上传到网站上，她顿时被强烈的羞耻感击中……

当父母感到沮丧、生气或无措时，他们更容易羞辱孩子。父母诉诸羞辱手段，因为他们已经别无他法。他们认为管教孩子不但是自己的义务更是自己的权利。在他们尝试培养出“好孩子”的过程中，他们也会培养出缺乏自信、优柔寡断的孩子。这样的孩子长大后，会极难找到自身的价值和意义。羞辱感就像涂了胶水的标签一样，贴在孩子身上许多年，甚至一直影响到他们成年后的生活。他们始终缺乏对自己的认可，因此，如果不能获得他人的认可，他们就认为人生毫无意义和价值。可是，难道孩子的自我价值是取决于父母或他人的认可吗？我希望不是这样。但是，我们每天跟孩子的交流和互动，传递给孩子的信息无疑会影响他们对自己的价值判断。

卡瑞尔·麦克布莱德博士是《母爱的羁绊》的作者，他说：“当孩子们在情感或心理上受到虐待时，他们会感到自己不被人喜欢、不受欢迎，而且在很多方面表现出害怕、畏缩。正常的成长进程被强行打断，这些受伤的孩子仿佛被流放到荒原。这就是负面信息被内化的影响，也是为什么今天如此多的成年人始终感觉自己‘不够好’。”当孩子们离开家庭的港湾出去独立生活时，我们都不希望以这些作为父母的“馈赠”。

布琳·布朗在《脆弱的力量》中讨论了我们该如何保护自己不受羞辱。她指出，在面对羞辱时，有些人会选择逃避，有些人会选择忍受，有些人则会反抗。那些选择逃避的人，通常会表现得沉默、退缩或将之作为秘密缄口不语；那些选择忍受的人，会以牺牲自己为代价来寻求和平或取悦他人；而那些反抗者们则会相反，他们更具有侵略性和控制欲，而且常常羞辱他人。布朗总结，"羞耻感是恐惧、责备和疏离"。羞耻感根深蒂固，那些曾经遭遇过羞辱的人通常会终生背负这个印记；羞耻感影响面广，它对每个人都有影响，只是表现形式各有不同而已。除非我们能够发现羞耻感的根源，否则这种情绪极难治愈，更别提改写我们人生的篇章了。

所幸，我坚信父母一定有能力终止对孩子的羞辱。语言是具有杀伤力的，一旦明白这一点，我相信父母们一定会在每天和孩子的交流中注意自己的措辞。记住，我们对孩子传递的信息，既有可能赋予他们价值感，也有可能让他们觉得自己一无是处。

孩子们的表现会彰显他们是否具有自我价值感。最为明显的例子就是霸凌现象。那些缺乏自我价值感、自我感觉较差的孩子，经常通过轻视、欺负别人来让自己"感觉好一点"。那些霸凌者通常是被父母暴力对待过或者亲眼看见过暴力行为的孩子。父母缺乏指导和管教，这种道德意识的缺位，又会让孩子无法分辨是非，助长他们恃强凌弱的行为。

孩子欺负人有很多原因。然而，值得注意的是，即使父母再好，也有可能养出爱欺负人的孩子。我们每天在家里或在外面接收无数信息，但真正植入大脑的信息并不多，这些信息会产生一种无意识的需要，希望我们能融入环境或让自己感觉更好。

小时候受过羞辱的成年人会在很多方面表现出羞耻感——有些体现在自己身上，有些体现在与别人的交往中：

- 感到脆弱，害怕与外界接触。
- 感受不到自我价值，总是觉得自己不够好。
- 从不相信自己会有所成就。
- 有以自我为中心的倾向。
- 遇到问题，第一时间责怪别人，以免自己被责怪。
- 总是在道歉，认为许多问题都是自己的行为导致的，甚至为他人的错误负责。
- 感觉自己像个局外人，即使身处人群中也会有孤独感。
- 突出别人不喜欢自己的特点。
- 认为自己必须把事情做得完美，不然就根本不尝试。
- 压抑自己的情绪，从而导致强迫性行为，如工作狂、购物狂、滥用药物、暴饮暴食、嗜赌等。
- 情感界限较低，经常感到被他人侵犯。
- 将依赖性作为与他人交往的基础。

> **受到恶意羞辱的人往往会变得越来越自私。他们仿佛被关在一个守卫森严的地方，以此获得安全感。他们试图超越人性（力求完美、掌控欲强），同时又抑制人性（对生活失去兴趣，或者沉溺于某些成瘾行为）。**
>
> ——约翰·布雷萧《治愈束缚你的羞耻感》

羞耻感无处不在。布琳·布朗将羞耻感称为一种“无声的传染病”。她说：“它类似于传染病，因为它对我们所有人都有影响。它之所以‘沉默’，是因为我们没有能力或不愿意公开谈论它，也不愿意探究它如何影响我们的个人生活、家庭、社区和社会。我们的沉默实际上已经迫使羞耻感以一种破坏性和阴险的方式渗入我们的生活。”

直到最近，人们才开始讨论羞耻感。对羞耻感的研究提供了有价值的信息来阻止这种羞耻感的循环，因为我们知道得更多，我们就能做得更好。这不是责备或羞辱谁，而是唤醒每一位母亲，激励大家反思自己的童年，意识到自己的情感模式。只有通过母亲的意愿和勇气，才能打破羞耻感的循环。留意我们传递给孩子的信息，这样他们就有机会被赋予更多健康的信息，并与这个世界和谐相处。

日常练习

- 仔细想想，你传递给孩子的羞辱性信息，和当你自己还是孩子时所收到的信息，是否有相同之处？

检查我们传递给孩子的信息，也需要勇气。是否有些信息隐含有羞辱孩子的意思？我们是有意说出的还是无意的呢？我们几乎都会遇到这种情况，因为我们本身就不完美。然而勇敢的母亲会诚实地承认自己羞辱过孩子。

所以，关键在于，勇敢一点，主动发现自己的错误。你的孩子会因此而受益，他们的成长也会得益于此。现在，你想做出改变了吗？

积极的信息培养健康的孩子

赋予孩子力量和提升他们自我价值的积极信息就像在草地上播下的花种，随着时间的推移，它们开花并蔓延。有时候，最微小的种子也能收获最鲜艳的花朵。如果一个孩子被告知他是因为自己本身的特质而被爱（没有任何附加条件），他就会成长为完美的自己。

两位资深教练对大学生运动员进行了一项持续几十年的调查。运动员们被问："你在初高中运动生涯中最糟糕的记忆是什么？"他们的回答是"比赛之后和父母一起坐车回家"。因为一路上他们都在听父母对他们比赛表现的评价，听父母分析自己本可以表现得更好的原因。事实上，他们可能已经知道自己本可以做得更好，不需要从父母那里听到这些。其实只要一句简单的"我喜欢看你比赛"就能给他们带来很多快乐（同时这也可以让他们下次表现得更好）。当然，这条简单而有力的信息一直伴随着许多优秀的大学生运动员。信息具有构建或毁灭的能力。对孩子进行简单的观察和认可，一句简单的"我喜欢看你跳舞、唱歌、跳跃……"就是给他们勇敢做好自己的机会。

瑞秋·梅西·斯塔佛是一名育儿博客作家，也是"放手的妈妈"创始人。她认为语言对于帮助孩子树立信心有重要作用，而打击讽刺孩子则如同釜底抽薪。"谢谢你……我在听你说……你很重要"这些话语都是孩子的精神食粮。"犯了错表示你学到了东西"和"你希望它是正确的，不是吗？"这样的语言能够让孩子们更好地做出选择，并尊重自己的感受。

瑞秋用这句话来提醒我们话语的力量："就像阳光和水对植物一样，语言滋养了人类心灵的最深处，促进了生命各个方面的生长。因此，我称之为塑造灵魂的话语。"

你的信息具有滋养孩子心灵的力量。你对孩子的信念也会影响孩子的自我信念。而且，你会将自己小时候收到的某些健康信息，传递给你的孩子。

日常练习

以下例子是所有孩子都能从中受益的健康信息：

- 我喜欢坐在你旁边！
- 我一看到你，就开心地笑了。
- 我喜欢看你早上醒来的样子。
- 我喜欢看着你睡觉。
- 我看得出来你一直很努力。
- 我注意到你在做决定之前，你愿意花时间思考，这是非常好的习惯。
- 今天对我们来说有些艰难，但是我们做得不错，明天我们会再试一次的。
- 你一定为自己感到骄傲。

- 你今天在学校的时候，我好想你！
- 我喜欢当你的妈妈。
- 你处理得很好。
- 我可以把你的点子运用到工作中去，你真的很有想法。

我们传递给孩子的积极信息不应该因他们的情绪或行为而改变。爱是无条件的——我们欣赏我们的孩子，只是因为他们本身。

第五章

我们教给了孩子什么

每当我把我刚出生的宝宝抱在怀里，我都会想，我对他说的每一句话、做的每一件事可能不单会影响他，而且会影响到他遇见的每一个人。这种影响不只是一天、一月或一年，而是永久的——这对于母亲来说，真的非常具有挑战性又让人激动。

——罗斯·肯尼迪

永久？这无疑是一个很高的要求。但是，母亲的确是第一个影响孩子的人。有些人或许从未想过自己会成为老师，但是实际上，每位母亲都是孩子的第一位老师，而且也应该是最好的老师。不知道有多少人会像罗斯·肯尼迪那样将之视为挑战并激动不已，或许还会觉得紧张、害怕。有些妈妈一定还清楚地记得，当看着初生宝宝的眼睛时，感受到的那种无法抗拒的责任，从此，妈妈们不仅要为孩子的安全和日常护理负责，而且要确保孩子在正式踏入社会之前，教会孩子所需要的一切。

章节概览

这一章主要介绍我认为最有效的育儿方法：与孩子建立深厚的联结。这种联结至关重要，它是传授育儿知识和改善儿童行为的关键因素。那些没有与父母建立深厚联结的孩子会更抗拒父母的指导。当然，他们也可能会顺从，但因为没有与父母建立健康的关系，他们的顺从可能只是基于害怕父母的威胁或担心得不到父母的爱。

这一章的内容绝不仅仅是阐述行为策略，虽然这也是很多育儿书所关注的主题。相反，本章鼓励母亲关注自身和亲子关系。与孩子建立健康的关系，比任何短期的行为矫正策略都更有助于培养和强化积极的行为。只有反思过去的育儿方式和经验，才能学会如何与孩子建立一种健康、开放的关系，在未来的许多年里，这种爱的关系都将有益于亲子关系。

成为理想的父母

几年前，我有意识地转移了工作重心。我现在主要是为父母们工作，虽然有时还是会见他们的孩子。换句话说，我在教孩子的“老师”——父母。我相信孩子们会从父母那里学到最好的东西。在这个过程中，我也意识到，与其帮助父母纠正孩子的习得行为——父母眼中的“错误”行为，还不如指导父母如何教给孩子重要的人生经验。当我把咨询的重点从孩子身上转移到父母身上时，我发现，父母仍然把大部分的注意力放在孩子的行为上，而不是孩子的整体天赋上。父母们如此关注纠正孩子的行为，以至于忽略了更重要的——孩子本身，以及他们与孩子的亲子关系。

大多数找我咨询的父母，都希望寻找完美的行为策略来“纠正”孩子的行为。虽然这些策略是有效的，但行为策略确实不该成为父母和孩子之间的焦点。可悲的是，“亲子关系”被大多数人遗忘了，或者至少被搁置了。当我向父母们提到这一点时，他们的反应往往都很类似：他们认为，当孩子的行为得到改善时，亲子关系自然会得到改善，而亲子关系一旦得到改善，他们自然会愿意花更多的时间与孩子们在一起。

而我认为，事实正好相反。实际上，很多家庭都有过这种情况：当父母和孩子的关系改善时，孩子的行为也会随之改善。根据我多年服务于父母和孩子的经历，我可以笃定地说，一切都是从改善亲子关系开始的。教育孩子最有效的方法是父母和孩子之间建立健康而良性的关系。父母最大的智慧和改善孩子行为的最关键因素就是与孩子建立健康的关系。

有些家庭中会有过度顺从或叛逆的孩子。有的孩子在很小的时候就懂得顺从大人是最符合自己利益的。他们的父母会评价他们很“随和”，他们或许会被其他人称赞为“从不违拗父母的好孩子”。有些孩子是家里的“和事佬”，他们做出的一些行为只是为了不让其他人不开心。还有些孩子会反抗父母，尤其当他们的父母是专制型的家长时。但是，当家庭的教条与禁锢超出孩子的承受能力时，为了不被人控制，为了自己能够被人看见和听见，孩子会进行反击。

并非所有过度顺从或叛逆的孩子都与父母关系脱节。然而，当叛逆或过度顺从成为一种根深蒂固的习惯性行为时，它就会成为孩子的默认行为模式，并不断被父母和孩子双方强化。

如何给予孩子最好的教育？父母应该反思自己作为孩子时是如何被教育的。我们的父母是如何教育我们的？回顾童年，有哪些最难忘的教训？我们是如何吸取教训的？我们从父母不断的训导中学到了什么？有的父母爱唠叨，或许过一段时间后孩子们就不再理会他们；有的父母喜欢对孩子大吼大叫，却很少在孩子真正需要被倾听的时候进行认真有效的沟通；有的父母并没有把该教给孩子的道理说出来，而孩子又确实希望自己能从一段经历或某些遭遇中学到些什么；有的父母在年幼时就没有被教会如何表达自己的情感，所以他们也缺乏教孩子表达的能力。不管是什么样的父母，不管教育的出发点或目的有多好，如果父母换一种方式教育孩子，或许孩子会更加受益。明确自己童年所受教育的利弊，有利于父母们有意识地选择如何成为自己孩子的老师。父母的教育风格将与育儿风格密切相关。

过去20年来，“超级宝宝”运动强调“婴儿闪卡”和外语早期开发等的重要性，让父母们承受了更大的压力。许多家长因为担心自己的孩子会落后于其他孩子，都感到有必要让他们的小宝宝参加早教班。在我举办的一次父母教育研讨会上，一些妈妈分享了她们的孩子参加活动的时间表。这些活动中有许多都是围绕着课程进行的，有学科的、有音乐的、有绘画的，也有与体育相关的。一些妈妈甚至担心，如果孩子在4岁之前没有开始踢足球，他们将永远无法参加学校的足球队，因为竞争太激烈了。每一位妈妈都可能像其他妈妈一样，被担忧所裹挟，并产生更多的担忧。但是，根据我多年的经验和研究，请相信，无论是马上给孩子报名课外班，还是再等一年，对孩子来说，一切都会好起来的。这时，请做一位勇敢的母亲，不屈服于忧虑。许多儿童和青少年都被过多的学习计划和活动安排所折磨，他们焦虑重重、精疲力竭，甚至会产生退学的冲动。有些孩子说，他们从一开始就恳求父母不要让他们卷入这场压力巨大的疲惫战役中。

在父母们开始探索应该教给孩子什么之前，我有一个建议：在孩子的一生中，我们有很多机会去教他们，我们也有很多机会把事情做好。因为我们执迷于做好母亲——做最好的母亲，有时候焦虑可能会压倒我们的能力，让我们看不到自己其实已经做得很好，或者说做到了自己能做到的最好。因此，请时刻提醒自己，尽管我们和孩子的日常交流可能并不完美，但在那一刻我们已经尽最大努力。在自认为做错的每一件事里自怨自艾，只会侵蚀我们的快乐和自信。而自信的母亲无疑会让孩子更受益，这样的母亲不但可以自信地教育孩子，同时还具备评估和改变"学习计划"的能力。让我们努力做得更好，但绝不浪费精力去追求完美。只懂得后悔昨天对孩子教育的失误，对于当下或以后都没有太多意义。

教育孩子的具体方法是会发生改变的，父母的个人风格、家庭人员结构，以及父母坚持不懈的努力（大多数情况下）都会为家庭的学习氛围打下稳定的基础。孩子们在其间会一直成长、乐于学习。辨别适合孩子的学习方法至关重要。有的孩子可能擅长视觉学习，而有的孩子可能更倾向于通过听觉来学习。"动觉儿童"是习惯于"动手"的学习者，捏橡皮泥或堆沙子等活动会为他们提供更好、更快捷的学习经验。此外，儿童和成人有不同的学习方式。如果一个家庭有两个或更多孩子，父母会发现孩子们的学习方式是不同的，他们的性格通常也大相径庭。

尽管大多数父母都知道教给孩子基础知识，包括字母表、举止礼仪和是非对错，却容易忽略更大的教育——重要的人生经验。当孩子走向社会，这些经验对他们极为重要，并将帮助他们在人生中获得成功。父母教给孩子的知识、经验以及父母教育的方式，都将为孩子所有的学习奠定基础。

育儿方式

在20世纪70年代，黛安娜·鲍姆林德博士对家庭中父母和孩子之间的互动进行了研究，并将育儿方式分为四种类型。她认为，孩子在社交、情感和认知方面的表现取决于父母的教育方式。

现在请浏览以下育儿方式，并试着找出与你的育儿方式最相近的一种。

专制型育儿：

· 要求严格、重视规则，认为孩子应该遵守纪律；

· 用惩罚作为威胁来约束孩子的行为；

· 不给孩子选择的机会（导致孩子无法学会为自己的选择负责）；

· 经常说“因为我是家长，所以按我说的做”。

纵容型育儿：

· 极少对孩子进行规范或限制，日常生活时常陷入混乱；

· 因为担心惹怒孩子，所以对孩子格外迁就；

· 经常想成为孩子的朋友；

· 几乎没有纪律。

放任型育儿：

· 缺乏育儿知识和技能；

· 几乎没有规则或限制；

· 常常不知道孩子的行为或行踪；

· 由于被忽视，孩子们最终靠自己自由长大。

权威型育儿：

· 有规则，但有时允许有例外；

· 有批评，但重讲理而非训斥；

· 有结果，常使用表扬、奖励等方式；

· 有约束，但会考虑孩子的感受和忍耐度等。

许多父母都有几种不同的育儿方式。可能有些父母是以宽容为主的，但偶尔被孩子惹到忍无可忍的时候，比如一再要求“再多给一块饼干”，他们被逼到了极限，一下子爆发了，成了专制型父母。他们沮丧又绝望地大喊：“不能再要饼干了，你得知道规矩！”这样做其实只是为了让孩子们知道谁才是真正的决策者。有些权威型家长，也愿意灵活地与孩子达成妥协。青少年们倾向于挑战极限，常常想要打破常规，但权威型家长有时也可以接受这样的挑战，比如宵禁时间是晚上 11 点半，但权威型家长也同意在某个有特殊意义的晚上把宵禁时间延长到 12 点半。有些家长觉得有必要坚持原则，以确保他们的孩子不会钻空子。事实上，想要尊重孩子，让孩子感到被父母充分地重视，做到两点就够了：一是倾听孩子的观点；二是让家长的意愿保持弹性，让原则具有灵活性。父母偶尔对规则做出改变，也会帮助孩子明白，有时候孩子也可以坚持自己的意见。

当然，权威型父母几乎不会转变成放任型父母——这与他们的本性相悖。然而，也不排除某天他们被某个契机扭转，于是改变育儿方式。

我曾与一位母亲共事，她的主要育儿方式是权威型的。大多数时候，她都会给孩子设置一些规矩，并积极地坚持这些规矩，只有极偶尔的情况下会破例。但是最近这种情况有了改变。这位母亲回到学校继续攻读硕士学位，论文和项目铺天盖地。她的日常规划和精力都被学业任务所占据。自从重拾学业，她感觉自己几乎是在勉强度日，她一边学习一边带孩子，只想着怎样才能打发完每一天。虽然她对超负荷的课业和自己的状态都不满意，但她只想努力熬过这个学期。她承认，当她很累的时候（大多数时候她都很累），她根本没有精力去维持她之前为孩子们设定的规矩。孩子们很轻易地说服了她，而她自己也变得极易屈从于他们的要求。她注意到孩子们的行为开始出现变化。他们变得更爱争论，似乎有了掌控意识。这位母亲意识到，尽管她曾按最好的意愿为她的孩子们提供范式、指导和教育，但她现在实在太累了。接下来，她的孩子们没过多久就明白了让妈妈崩溃有多么容易。这位母亲，从以前典型的权威型育儿，逐渐向放任型育儿发生转变。

每一种育儿方式都会对孩子产生积极或消极的影响。在专制型父母身边长大的孩子有叛逆的危险。他们常常会感到生气或愤怒，并试图抵制父母的控制。因为他们没有什么机会为自己做决定，为自己解决问题，也无法从中学习和积累经验，所以他们往往缺乏自信。曾经有一个叛逆的青少年，因为酒精中毒被父母送到我的办公室。在与家长们见面后，我就明显判断出他们的教育方式是专制型的——“要么按我的来，要么滚蛋！”他们紧紧地抓着孩子，控制着他的大部分生活。这个孩子当时已经 17 岁了，他 17 年的生活都受到了严格的限制。由于害怕父母，在家时他会很听话，而一旦走出家门，他就变得疯狂起来。

害怕往往是专制型和纵容型育儿的根源。专制型父母害怕失去控制权，纵容型父母常常害怕失去孩子的爱。“如果我说不，我的孩子还会爱我吗？”父母的害怕和焦虑并不能为养育健康的孩子提供坚实的基础。建立在爱、沟通以及纪律上的亲子关系才是孩子们所需要的，也是父母应该提供的。纵容型和放任型的父母，他们对孩子无条件的宽容和不参与的态度，使得孩子通常会有行为问题，并抵制规则和权威。同时，这些孩子的学习成绩通常不好，自尊心也不强，而且他们还可能常常感到不快乐。

权威型育儿方式下成长的孩子,父母鼓励他们自己做决定和解决问题。这些孩子最有可能在生活中收获快乐和成功。他们善于表达自己，通常会成长为有责任心的年轻人。当孩子感受到父母的爱和关心时，他们也更愿意接受父母的教导。

在我的育儿指导课程中，我与父母们第一次谈话时，我通常都会让他们回忆自己从父母那里学到了什么。我发现，那些觉得与父辈关系融洽的人们会记得他们学到了很多人生的教义——如何对待动物、善良的重要性、诚实的价值，等等。而那些与父辈沟通较少的人则记得自己如何做各种各样的事情——洗碗、整理院子、洗衣服，等等。现在，请回想一下你的父母是怎样教你的？你与父母的联结是否紧密？通过研究我们发现，如果父母与孩子尚未建立亲密的亲子关系，那么试图教授孩子技能和价值观几乎是徒劳的。

我曾经有一位同事名叫埃里克，他是一位对待育儿问题非常认真的父亲。埃里克的父亲十分严厉，父亲认为自己是这个家的“老板”，埃里克关于父亲的记忆中最常见的一幕就是爸爸威胁他说：“按我说的，现在就去做！”尽管埃里克记得他爸爸教他的东西，包括如何打领带、割草、记账，等等，但他就是不记得和爸爸在一起的时光。他说，他爸爸供养着整个家，但并不喜欢花时间和孩子在一起。他爸爸不是在工作就是在看电视。当埃里克叫他爸爸去踢足球时，他爸爸似乎总有更重要的事情要做——比如割草。埃里克渴望得到他爸爸的关注。他记得，他经常为了取悦爸爸而“把事情做好”，但依然未感受到自己和爸爸之间有过密切的联结。埃里克认为他爸爸教会了他如何在这个世界上走自己的路，但通过回忆和讲述关于他爸爸的故事，他也意识到，他从他爸爸身上学到的更多是努力做到完美。因为他总是担心达不到爸爸的期望，就会失去爸爸的爱和关注。

成年后，埃里克依旧感到与爸爸的疏离。这使得他想和自己的孩子建立更牢固的联结。他明白想要教导孩子，首先要加深与孩子的亲子关系。同时，埃里克也意识到这需要时间。亲子关系的建立，既没有快速的解决方法，也没有所谓的行为策略。但幸运的是，他明白这种努力和付出对他和他的孩子极为有益。

我们与孩子建立亲子关系的能力直接受到我们的父母与我们建立联结的能力的影响。作为独立的个体，你在父母眼中究竟是自己本身，还是父母希望你成为的样子？可以说，你是如何被父母教育的，决定了你建立亲子关系的成功概率。

西奥多·罗斯福有一句名言："人们在知道你有多在乎他们之前，并不在乎你知道多少。"当孩子们知道父母关心他们的时候，当父母把他们看作独一无二的个体并与他们建立联结的时候，他们会是最好的孩子。

日常练习

- 了解各种育儿方式后，你认为你母亲的育儿方式是哪种？你的父亲呢？请判断你的主要养育者的育儿风格。
- 上一辈人的育儿方式对你有什么积极或消极的影响？你觉得哪种育儿方式更有利于你的成长？
- 请判断你自己的育儿方式。你认为这种风格是你最希望你父母所拥有的吗？
- 你的育儿方式对你的孩子来说是最好的吗？
- 你想改变自己的育儿方式吗？如果是，你想改成哪种风格？
- 如果要换一种不同的育儿风格，你必须做些什么？

打破育儿模式

大多数父母都表示想和孩子有更深层次的联结。随着时间的推移，亲子关系的深度和表现方式也发生了变化。过去，许多父母相信“孩子应该被看见，而不是被听见”“重点不在于与孩子的联结，而在于对孩子的管理”。目前的育儿模式则鼓励孩子成为被看到和听到的个体。婚姻与家庭治疗师约翰·贝克尔指出，“在过去的25年里，养育子女的理念已经发生变化”。他进一步解释说，尽管现在的父母和过去几代人一样，都希望鼓励“性格和道德发展”，但做法有所不同。

传统上，父母注重培养“不以自我为中心、听话的孩子”，而今天，父母更关心的是增强孩子的“自主性、自尊心和个性”。旧的育儿模式认为父母比孩子优越。这种类型的亲子关系假定父母知道一切，或者至少比孩子知道得多。可能你在自己成长的家庭中经历过这种模式。但是，这种模式的问题在于，它鼓励父母控制自己的孩子，而不是与他们建立联结。

过去的父母认为孩子在吃饭时姗姗来迟是一种不尊重人的表现，而且孩子应该只吃摆在他们面前的食物。现在的孩子则时常拒绝吃已经做好的食物，并要求父母另做一些他们喜欢的食物——而今天的父母也通常会照做。事实上，溺爱孩子并不利于他们成长。“自觉育儿”运动是育儿界的一种新现象。它鼓励父母在养育子女时更加用心并对育儿方式保持清醒的认识。有意识的育儿也要求父母改变他们看待孩子的方式——不是把孩子看作自己的延伸或“缩小版”，而是将孩子视为独立的个体。

为人父母，重要的是要意识到你养育的不是一个“迷你”的你，而是一个有自身特色的跃动的灵魂。因此，把你自己和你的孩子区分开来格外重要。我们并没有以任何形式“占有”或“拥有”我们的孩子。只有当我们在灵魂深处明了这一点，我们才会根据孩子的需要来调整育儿方式，而不是试图“塑造”他们来满足我们的需求。

——沙法丽·萨巴瑞《父母的觉醒》

你的孩子是独一无二的。你对他们的尊重和重视，将有利于加强你们的联结。无论你的孩子表现如何，他们都觉得能被你所接受，这使得孩子更容易与你产生共鸣。你能意识到孩子的独特之处，这也会有利于你和孩子建立联结。

随着父母对自己的信念和行为越来越在意，他们也学会了在日常生活中更加用心，而不是等到孩子表现出问题，然后试图以惩罚的方式控制孩子的行为（反应型育儿）。总之，父母们变得更加主动，既会未雨绸缪，又会对自己所做的选择保持警觉。清醒的育儿方式能让你不再以非理性方式回应孩子，而是冷静和自信地对待孩子。这种育儿方式的起始，一定是你和自己以及孩子建立联结。

如果你改变了立场，你作为父母的角色会发生什么变化呢？你是否想尝试不再去控制你的孩子，而是陪伴着孩子并给他们适当的引导呢？

沙法丽·萨巴瑞说：“如果想和孩子建立一种纯粹的联结，你应该先把优越感放在一边。”权力来自你的“自我”，而这个“自我”又并非真正的你。如果我们从“自我”出发来进行育儿，我们都会难以避免地想要控制孩子，这也是现实中大多数父母的做法。我们相信自己的方式是正确的，结果反倒让我们变得更被动，对孩子的需求反应更为迟钝。就像很多父母常用的一种“行为策略”——要求在数到“3”时孩子停止某种行为，这其实就是在用大人的力量来控制孩子的行为。虽然从“1”数到“3”确实经常能让孩子停下“不良行为”，但孩子们从中学到的又是什么呢？对一些孩子来说，他们只是学会在听到数字“3”前就停下来。这种育儿方式有效吗？也许短期内是有的，但从长远来看呢？使用计数来控制行为让人想起《音乐之声》中冯·特拉普上校试图控制他的孩子们——他用吹哨子来训练孩子们立正。孩子们学会了服从，但这是以牺牲良好的亲子关系为代价的。

爱是与孩子建立联结的第一步，但这还不够，还需要花时间与孩子相处。如果父母能够特意为自己和孩子创造相处时间，这无疑是令人尊敬的。母亲和孩子的爱早在孩子正式进入母亲的生活之前就已经开始了。母亲和孩子之间的纽带对孩子的情感发展既是自然而然的，也是至关重要的。爱和联结随着孩子的成长而加深。在许久之前，较为缓慢的生活节奏对这种联结十分有利。几代人同住的大家庭通常也更容易给母亲提供帮助，让她专心养育孩子，从而增强亲子联结。而且那时，父母和孩子极少分离。

在当今社会，母亲经常在数月的产假后就返回工作岗位，没有亲戚们在附近帮忙，生活的负担也比过去重了许多。问题是，孩子对与父母建立联结的需求并没有改变。当今生活的需求和干扰比以往任何时候都多。这就需要我们更加有意识地建立和维持亲子之间的重要联结。

在成长的每一个层次、每一个阶段，都有爱或惧相随，这两者或保护或阻碍着孩子的成长。

——布鲁斯·利普顿

也许，你觉得自己已经和孩子建立了联结，因为你花了很多时间和他们在一起。但是，这些时间你是不是大多用在和孩子一起应付作业或者一次次地提醒他们洗澡这些事情上呢？据我所知，大多数父母都是如此。父母们都喜欢说，自己花了很多时间和孩子待在一起，现在他们终于意识到，用这种方式花在孩子身上的时间并不是用于和孩子建立联结，而是以完成“待办事项列表”为目的的。

我知道还有不少母亲，即使她们没有和孩子在一起，但她们时刻都在想着或担心着孩子。我们的社会越来越以孩子为中心，但是，根据我从事这项工作以来的实践可知，孩子们觉得与父母的联结越来越少了。这并不是因为父母对孩子缺乏爱或兴趣，更多的是因为父母满满当当的日程安排，个人发展和工作的任务越来越重，以及越来越多的电子设备干扰，这些都阻碍了他们与孩子之间的联结。

最近有一位母亲来向我咨询关于她和女儿的关系问题。我认为那是常见的青少年时期亲子关系的问题。在过去的一年里，她们母女关系紧张的时间远远超过了关系融洽的时间。在我对这位母亲进行辅导后不久，她辞去了她那份要求严格、工作时间超长的工作。在开始新工作之前的那几个月里，她主要是在家工作，这时她注意到女儿的情绪和行为发生了巨大的变化。女儿不再反应过激，而且看起来不再像之前那样压力重重。这位母亲也开始注意自己的情绪和行为，发现她自己也有同样的变化。于是，我们明白了压力是如何对整个家庭产生负面影响的。母亲的状态很重要，它是建立和培养亲子联结的基础。

即使是十分慈爱的父母，他们的孩子也时常抱怨父母和他们不亲近。孩子希望他们的父母有更多时间来陪他们玩耍。还有些孩子喜欢和家人一起度假，但希望只和家人一起，而不包括父母的朋友们。我接触过许多青少年，他们也希望父母能花更多的时间和他们在一起。这些十多岁孩子的父母得知这一点时通常感到震惊。因为大多数人认为青少年不会对和父母在一起有多少兴趣，但事实上青少年依然对此有着渴望。在得到孩子的同意后，我与他们的父母分享孩子们表达的这些信息，其实我十分犹豫，因为大多数父母已经不堪重负，有些父母还因为得知自己陪伴孩子的时间太少而充满内疚。也有些父母会感到愤怒，他们觉得自己的生活都围绕着孩子转，但没想到孩子还会有缺少陪伴的感觉。这时我会提醒他们，陪伴孩子，重要的不是时间的长短，而是时间的使用方式。

年幼一些孩子的父母似乎更能理解孩子的这种诉求，他们会回想起与孩子共处的快乐，那时他们能够全身心地投入其中，一起享受相处的时光。

但是，随着孩子逐渐长大，一些父母认为陪伴已经不那么重要。随着孩子的独立性和与同龄朋友交往的愿望增强，父母更加坚信这一点。然而，只有父母的陪伴和联结才能使青少年以健康的方式应对生活中的压力。父母能够在情感上和道德上帮助、引导青少年，让他们学习如何成为情感独立的成年人。因此，青少年在成长过程中比以往任何时候都更需要父母。青少年与父母之间的联结对于帮助青少年度过这段不安的岁月至关重要。这种亲子联结也会直接影响青少年的决策和行为。研究表明，与父母具有较好联结的青少年不太可能从事冒险行为，能够每周与家人共进 5 次晚餐的青少年中吸烟的人数极少。

父母对孩子的爱，以及建立健康的亲子联结的意愿，会给家庭带来一份爱的礼物——亲子间的深厚关系。这份礼物对父母和孩子来说都是无价之宝。正是因为这种关系，孩子才会倾向于以一种对自己负责的方式行事。

建立联结

父母与孩子之间联结的紧密度会让父母的影响力增强或减弱。这种联结不仅仅与父母和孩子在一起的时间有关，还与父母的协调能力有关——包括父母的接受能力，父母对孩子的了解，以及掌握孩子需求的能力。从孩子诞生起，父母就开始适应孩子的需要。即使没有语言提示（比如“我饿了”“我累了”等），在几周时间内，父母也能感受到孩子饥饿和疲劳的暗示。随着孩子的成长，这项技能也需要相应提升。我们或许都曾有这样的感受，觉得自己被人忽视、被人误解。孩子们有时也会有这种感受。父母与孩子的沟通会帮助孩子感到被重视和被理解，从而帮助孩子获得健康的情感发展。

那么，与孩子建立健康联结的关键因素是什么呢？《亲子关系》一书的作者帕姆·利奥解释说，要想和孩子建立起联结，你需要这样做：

· 保有自我。

· 尊重孩子。

· 倾听孩子的感受。

· 对孩子投入更多的爱，可以把这个行为想象成“爱的银行”——你投入的爱越多，孩子感受到的爱就越多。

· 用语言和行为表达爱，多与孩子沟通。

· 解读孩子的行为。

· 保有自己的需求。

在孩子还小的时候，父母与孩子建立起牢固而健康的亲子关系，有助于将这种关系维系到孩子的青少年时期。我们知道，养育青少年的方式不同于养育幼童的方式，所以我们与处在不同年龄阶段的孩子建立联结的方式也不同。但无论如何，尊重孩子始终是十分重要的。孩子正是通过观察父母才懂得什么是尊重。尊重不应该基于孩子的敬畏或仅仅因为我们是长辈。我们应该通过倾听孩子的感受来与孩子建立联结，而不是坚持让孩子做我们认为“对”的事。我们应该始终对孩子的感受保持开放的心态和好奇的心理，允许孩子表达他们的情绪，而不是总认为自己有必要去“指正”

他们。如果不确定孩子的感受，可以直接问他们或者尝试站在他们的角度去感受。设想一下，孩子最喜欢的玩具被朋友弄坏了，他们无疑会号啕大哭。这是对悲伤和愤怒情绪的表达。作为父母，与其尝试改变氛围、弱化矛盾，或者转移孩子的注意力，不如给孩子表达情感的空间，同时让他们知道，父母一直在他们身边支持和关心着他们。

沟通是联结的基础。我们和孩子说话的方式就能很好地说明我们与孩子的关系。当我们以尊重的方式和孩子说话时，我们与孩子之间的联结就会加强，孩子们也更容易学习成长。因为孩子信任我们，也更愿意接受我们的建议。也许有的父母小时候是在吵闹的家庭环境里长大的，因此不得不靠提高嗓门来让别人听到自己的声音。有的父母来自交流较少的家庭，在孩子犯错的时候，父母冷淡地“沉默对待”实际上就等同于愤怒地高声批评。虽然后者相比而言是一种安静得多的育儿方法，但它仍然会传达愤怒并阻断亲子联结。孩子会从父母身上学习交流的模式，不论这种模式健康与否。母亲在孩子每次做错事时都对他大喊大叫，这是在传达愤怒；平常感情不外露的父亲，在孩子难过时依然保持漠然，可能会在无意中向孩子传达孤立和遗弃的信息。然而，如果父母具备与孩子坦诚交流的能力，这不仅可以帮孩子建立健康的交流模式，还有助于亲子间建立更深层次的联结。

有的父母觉得自己和孩子有着牢不可破的亲子关系，即使是，这样的父母也不能始终理解孩子的意图。孩子的行为时不时会让父母感到困惑。究竟怎样才能理解孩子的行为呢？有时父母们恨不得进入孩子的大脑来了解他们的想法。即便如此，我们会发现依然找不到想要的答案。当孩子跳到狗身上，当孩子把一整袋糖撒在地板上来“帮”你做饭，当孩子把弟弟锁在壁橱里，或者当孩子吃虫子时，你可以尝试问问他们为什么。他们大多数时候的回答都会是“我不知道”，这时，请相信他们的回答。因为事实真的就是他们不知道。他们只是在没有任何想法或计划的情况下做出了反应。研究孩子行为的一个方法，就是看看父母的行为。尤其是在孩子的行为发生了变化时，你可以自我检查一下，是否最近感到压力增加或情绪沮丧？或许最近家事忙得不可开交，你几乎一整天都没有休息？孩子的行为会因为某些触发因素而恶化，比如他们感到饥饿或疲劳，又或者当他们从一项活动转向另一项活动。不管他们行为的原因是什么，一定记得第一时间和他们进行交流，孩子会更容易对你敞开心扉。你的反应既可能加深与孩子联结，也可能造成与他们的隔阂。

建立联结的最后一个重要因素是保有自己的需求。我们将在后面的章节对此进行更深入的研究。在这里我们要知道的是，如果只是满足孩子的需求而不顾及自己的需求，我们与孩子之间的联结迟早会断裂。

青少年

在进入下一章之前，我想单独列出一节讲讲青少年。与青少年交流和建立联结是完全不同的事情。伊森·霍克是一位演员，也是 4 个孩子的父亲。他的描述十分精彩：“虽然有时候这些孩子好像长了刺一样难以接近，但这并不意味着他们不希望你接近。”有时候，与十几岁的孩子沟通需要你更有创造力。但首先，你需要放弃对孩子的假定并保持好奇心。

父母们都被预先警告过与青少年相处的困难，甚至有些父母害怕他们的孩子迈进“十几岁”，还有些父母则期盼着这些青少年尽早度过这个人生阶段。实际上，如果你对青少年有更多了解，他们其实很有趣。虽然理解他们并不容易，因为他们自己也仍处在尝试理解自己的阶段。从发展的角度来看，青少年以自我为中心，但并不像有些人认为的那样自恋。他们只是在思想上有点“扭曲”。大多数青少年相信其他人都在敏锐地注视着他们，观察和评判他们的外表和行为，就好像他们站在舞台的中心，全世界都在看着他们——这通常被称为“想象中的观众”。

你能想象如果你每天都在展示自己，你会有什么样的感觉吗？当然，这种想法本身就解释了青少年非理性的思想和行为。如果你是一个十几岁孩子的妈妈，你一定能理解以下这些例子。一个 15 岁的女孩在早上 7 点出门之前换了 3 套衣服，在去学校的路上，她不停地哭泣，因为她没有合适的衣服穿！一个 16 岁的男孩，就算差一点儿就要错过公交车，他也非得要再整理一次他的发型才匆忙上车。外表对他们来说至关重要，因为他们认为和他们接触的人也都看重他们的外表。

青少年发展的另一个重要特点是他们需要个性化。发展心理学教授、作家丽贝卡·弗雷泽表示：“作为一个个体，他获得了一个更清晰的自我意识，这是与父母和他周围的其他人不同的……个性化贯穿于人的一生，但它是青少年和青年人的重要组成部分。”正是在青少年的个性化发展阶段，他们才与父母分开。当孩子们抽离时，许多父母会感到受伤，但这是他们成为具备较强适应能力的青年人的关键一步。这是放松缰绳的时候了，保持与孩子的联结，让孩子为自己做一些决定。曾经有一位心理学家建议青少年的父母说：“你刚刚被解雇了，你不再是你的青少年孩子的经理，你最好努力工作，争取再被他们聘为顾问。”作为 4 个孩子的母亲，作为有着丰富的与青少年相处经验的咨询师，我认为这些话说得十分正确。

那么如何与青少年沟通和建立联结呢？可以用些简单的方法。父母们经常觉得必须要做一个完备的计划，和孩子们一起共度一整天，才能获得他们的爱和关注。其实更重要的是生活中的小事。让孩子知道你也十分珍惜和怀念你们在一起度过的时光，但不是以一种让人内疚的方式，而是用随意的方式——“嘿，我想你了，我们最近一起出去玩一次怎么样？”我们要做的是放下工作、降低期望、提出建议，但记得要让孩子带头。许多青少年都在心理咨询时坦露心声，他们真的愿意花时间和父母在一起，但不需要一整天！毕竟，社交生活是青少年的首要任务。在你的孩子和朋友见面之前，带他们出去吃早餐或午餐就是很好的建立联结的方式。可以让孩子参与你们的共同计划，比如一起购物或者一起看电影，都是重新建立联结的好方法。还有一些青少年在和父母一起打高尔夫球、远足或做义工时都很开心。关键是和孩子在一起做你们都喜欢的事情。否则，它反倒会成为令人不快的负担。

别忘了邀请孩子的朋友来家里做客。你的孩子会喜欢这种交友方式，同时你也有机会看到他们的社交世界。一些青少年喜欢在家里做饭或做家务。如果你发现孩子在院子里打扫卫生，这个时候，你的陪伴会让孩子更开心。

此外，当孩子准备要跟我们说话的时候，不要忘记倾听——听比说更重要。当我们愿意安静地倾听时，我们会发现孩子其实有很多东西可以分享。当他们想要与我们谈话的时候，尽量待在他们身边吧，可以是在车里时，也可以是在晚饭后散步的时候。在没有眼神交流的情况下，青少年更愿意诉说。我们需要做的是，尽量与他们说的话产生共情，但不需要替他们解决问题，除非他们是来征求意见的。

我经常建议父母与孩子一起拥有一本共享日记。这样便于父母和孩子交流彼此的感受，也让对方有时间和空间来处理自己所读到和学到的东西。日记通常会让谈话不受情绪影响，让交流保持开放。最近，我向一位前来进行咨询的母亲提出了共享日记这个建议。她和她13岁的女儿似乎在大多数日子里都关系紧张。但是每晚入睡前，她们又都因为彼此之间的交流失败而情绪低落。这位母亲很喜欢写日记这个主意，她的女儿也很快就发现这个办法确实奏效。她们不仅在难过的时候分享自己的想法，而且每天都分享彼此的日常和感受。有些内容可能是最近发生在母女间的小分歧，而有些则仅仅是希望彼此拥有美好的一天，还有些只是为了告诉对方，虽然很少说出口，但是其实“我爱你”。总而言之，不管青少年向我们表现出了什么，他们的生活确实需要我们。

最后一点，别忘了说“晚安”和“我爱你”。我们的孩子仍然需要听到这些话，并欢喜于此，尽管他们可能永远不会告诉我们。

和孩子建立和培养联结不是一次性工程，这是贯穿终生的过程，甚至延伸至他们的成年时期。我们有机会选择如何与孩子相处，如何回应他们的需求。人都具有社会属性，都是为了联结而联结在一起的。我们无时无刻不在做决定，而这些决定，要么让我们走到一起，要么让我们更加疏离。

就像水手在海上航行要调整船帆一样，作为父母，我们也要学着调整自己生活的帆。

日常练习

- 反思你与你的父母、你与你的孩子的沟通情况。
- 你是否渴望与父母有更多的联结？如果不是，你和谁联结最紧密？为什么？
- 你如何判断自己和某个人建立了联结？描述你的身心感受。
- 就你本身而言，你觉得与他人建立联结是容易还是困难？
- 如果你有两个或两个以上的孩子，你是否觉得与某个孩子比与其他孩子更容易建立联结？你认为为什么会这样？
- 你觉得什么时候和孩子的联结最为紧密？什么时候你们之间的联结最疏离？
- 在你们相处一段时间后,你是否注意到孩子的行为发生了变化？
- 你是否问过孩子，当他们与某人或某事（例如，他们的宠物）联结在一起时，他们的感觉如何？
- 列出你和孩子之间的联结方式。尝试思考与孩子建立联结的其他方式，他们想要也需要与你建立联结，而且他们更喜欢有想象力和创造力的联结方式。
- 阅读完本章后，你打算……

第六章

孩子是我们的老师

一个孩子可以教会一个成年人三件事：无缘无故地感到快乐，让自己保持忙碌于某事，以及知道如何尽己所能地要求自己想要的东西。

——保罗·科埃略

孩子们很聪明，但我们常常没有把他们视作老师。毕竟，我们一直认为自己才是他们的老师，怎么可能向他们“低头”呢？我们很难相信孩子们能教给我们什么东西。然而，在对孩子进行了多年观察之后，我相信，如果我们能够放慢脚步观察他们，并乐于接受他们的“教导”，孩子确实有很多东西可以教给我们。当我们有意识地花时间观察我们的孩子和他们的生活方式时，我们会悟出很多东西。孩子给我们当老师的方式是其他人都无法做到的。因为父母和孩子之间的亲密关系，以及充分的相处时间，都为孩子和父母提供了许多相互接触的机会，哪怕我们用错误的方式发生过摩擦。然而，也正是在这些时刻，我们才有机会弄清楚摩擦或愤怒来自哪里。正是通过我们与孩子的互动，通过照顾孩子和培养亲子关系的过程，我们可以学习和成长。

章节概览

如果我们愿意，孩子能够教给我们很多东西。仅仅学着从孩子的角度去观察日常亲子互动，就能学到如何改善自身与外界的沟通方式。这能让你从不同的角度来思考孩子的行为问题——不把它当作一个难题，而是当作亲子共同成长的契机。从本该由你来教导的孩子身上学习，这种心态的转变需要勇气。

在本章中，我们将一起探讨我们能从孩子身上学到什么，以及孩子希望我们懂得什么。归根结底，这些经验可以归结为三条原则：学会专注参与，学会灵活变通和保持开放心态。我们将分节讨论如何把这三点化为实际行动。在向孩子学习的过程中，你将有机会从你聪明的小老师那里发现更宝贵的经验和启示。

孩子给父母上的那些“课”

美国马萨诸塞大学医学院的荣誉医学博士、马萨诸塞州医学院的名誉退休医学教授乔·卡巴金曾在他的著作《正念：此刻是一枝花》中把孩子称为“家中的禅师”。禅师会启迪我们，关注当下，在日常生活中活得更加清醒、通透。这难道不是孩子每天都在做的事吗？当我们分心时，他们会一遍又一遍地把我们唤回到眼前的生活。

有时，他们会跳上我们的膝盖，然后用他们柔软可爱的小胳膊圈住我们，这是在用属于他们的有趣方式把我们的注意力带回当下。谁能拒绝一个孩子甜蜜的拥抱呢？其他时候，他们通过惹怒我们，或者不断挑战我们的“逆鳞”来唤回我们的注意力——有时我觉得“逆鳞”就是他们设置的。但是，这些“逆鳞”是长在我们身上的，供我们近距离地独自审视自身，从而使我们获得成长。

你的孩子不仅自身在成长，也给予你机会去成长。他们意识到这一点了吗？可能没有。同时，我觉得他们也不会对你的成长加以评判。但如果你没有作为一位家长和一个独立的人去学习或成长，他们会大声提醒你。回想一下，你的孩子是不是曾让你想起你未曾兑现的诺言，或者你未曾执行的某个约定？这些都是来自孩子的“教导”。

孩子们用不同的方式来引导着我们。当我们打开心扉，用开放的态度来接纳这种指导时，我们的学习视野将更加宽广。

孩子是一面小小的镜子，照出我们的缺点和优点。你可能会发现，你的孩子津津有味地谈论着毛绒玩具，那口吻简直和你平时与他们交流时一模一样。当你看到孩子关心、爱护和帮助朋友时，你可能也会感受到心底的阵阵暖流。

你也能通过你的孩子看到自己的不足之处。你是否记得，自家孩子的嘴里曾蹦出你常说但不太讨喜的字句？一位妈妈曾告诉我，她从未如此清晰地了解自己对他人评头论足、动辄批评的缺点，直到听见自己的孩子用同样的字眼和口气惟妙惟肖地说，“我简直不敢相信，那个妈妈居然让她的小女儿吃那些油腻的炸薯条！孩子不懂事，当妈的也不懂事吗？”“那些家长真不靠谱，他们居然让孩子……”，等等。

我们通常会表现出来的消极品质包括嫉妒、易怒、愤懑以及对他人吹毛求疵、品头论足。我接触过很多家长，他们每天都能从孩子的反应中看到自己易怒的个性。一般来说，那些紧张的家长总能先于其他人感受到自己孩子的紧张。我们常说“彼此彼此”，其实也可以解释为，我们经常在别人身上看到自己的某些特质，即便那些特质不太讨人喜欢。

发现和审视自己的缺点和负面特质，并坦然面对其带来负面情绪是需要勇气的。但是，一旦你意识到了，你就可以选择是放任自流，还是做出改变。所以，下次你的孩子像镜子一样反射出某些你不喜欢的特质时，你就拥有了改进的机会，请对此充满感激。你的孩子一直是你的老师，作为学生，你有机会向他们学习。然后，你就可以有意识地选择让你和你的孩子成为什么样的人。

当孩子惹火你时，他们给了你学习的机会

我们的“逆鳞”，其实就是我们致命的弱点。我在教授一门关于如何成为心平气和、易于沟通的家长的课时，单亲妈妈艾米丽与我们分享了她和儿子杰克“斗智斗勇”的故事。杰克是三个孩子中最年长和最独立的，他几乎每天都要因为家庭作业和妈妈吵上一架。艾米丽越是逼迫，杰克就越是叛逆。母子俩似乎陷入了无休止的“家庭作业没做完—没收孩子的游戏机—妈妈进一步催促学习—孩子更加抵触”的恶性循环。这让艾米丽感到相当挫败。

其他家长建议艾米丽好好想想，到底是什么让她无视不断升级的矛盾与怒火，不停地逼着杰克去做家庭作业。艾米丽最开始回答：“因为我是一名家长，这是我的职责。”我们鼓励她做更深层次的思考，为什么让她的儿子完成家庭作业对于她来说如此重要。过了一会儿，她意识到是她的焦虑感在控制着她的行为。她承认，她觉得如果杰克不按时完成他的家庭作业，那么作为一个母亲她是不称职的，这让她总是很紧张。在几个深呼吸之后，艾米丽平静下来并对自己说，是否按时完成作业不在于她而在于儿子杰克。在其他家长的鼓励下，艾米丽决定不再反复提醒儿子家庭作业的事情。杰克也一再向妈妈表示，他很清楚自己的任务，会按时完成作业的。

隔周，班级成员相聚，大家都想知道事情的后续发展。艾米丽笑笑说，她再也没有提醒杰克家庭作业的事情，杰克也兑现了自己的诺言，按时按量地完成了学校布置的任务。杰克对妈妈说，他知道不做作业的结果将是整个周末都不能玩电子游戏，所以他选择按时完成作业。

艾米丽从儿子身上学到了一课：相信孩子坚守诺言的能力，放手让孩子去成长、去体验自己选择的后果。

你眼里的挑战也是成长的机会

你是否曾在克服一个挫折后，回过头去看，发现从这段经历中学到了宝贵的经验？也许你在经历挫折或问题的过程中没有看到闪光点，但是过后仔细回想，你也许会感谢这段历程。作为家长，你也许曾帮助孩子解决很多问题，可能也鼓励过孩子在解决问题的过程中看到机会和希望。当我们遇到问题的时候，孩子们经常会提醒我们这一点。回想一下，你的孩子是不是曾经偶然发现你的困境，然后很快提出一个看待问题的新角度呢？比如，当你正为精心修剪过的花园中滋生的杂草而感到郁闷时，你的孩子却在那些野花野草中找到了自然之美。

孩子们也可能会迫使我们去质疑现实，去从不同的角度思考我们的生活。你是一个“还有半杯水”式的乐观主义者还是“只有半杯水”式的悲观主义者？如果你总感叹“只有半杯水”，而你的孩子常庆幸“还有半杯水”，那么我建议你多花时间和孩子相处，然后你就会看到你的“杯子”变得有多满了。我所认识的乐观的孩子多数都很乐意分享他们充实、丰富的生活。他们乐观的态度很有感染力，将帮助你改变那些消极的想法。当问题真的出现的时候，你的孩子会帮助你找到看待问题的新角度——即使是那些看似为你和你的孩子创造了更多学习和成长的机会的问题。

孩子们帮助我们思考现实

作为成年人，我们很容易用固有的、先入为主的观念和认知来思考。我们以为自己知道答案，但是我们真的清楚吗？你的孩子有没有问过一个你曾觉得正确（但随后被证明错误）的事情？当你允许他们提出疑问时，你就选择了花时间去检视自己先前的认知。你有什么收获？是坚定自己曾经的判断，还是在孩子的帮助下用不同的眼光审视那个答案？孩子们擅长提问，当我们允许他们提问时，有时他们会回报我们以自由——内心的、思维的自由。

你在成长的过程中，有没有被允许去质疑他人的观点与说法呢？你的父母是鼓励你去这样做，还是试图压制你的探究和好奇？下次你的孩子质疑你的想法时，你最好保持好奇心，看看你能从中学到什么。

他们教我们放慢脚步，活在当下

你通常是如何度过一天的？是疲于奔命，还是优哉游哉？现在你可能已经意识到了，孩子会跟着自己的节奏走，只是有些人比其他人稍慢一些。如果你像我一样是个快速行动派，那就不太容易慢下来——几年前，当我带着 4 岁的孙女匆匆穿过机场时，我意识到了这一点。

我和孙女都觉得机场的旅客传送带很有趣。我知道边乘坐传送带边走路会让我们更快地到达目的地。但我没有意识到我孙女的想法与我不同——她选择站在传送带上，让传送带带着她慢慢地穿过周遭的事物，到达目的地。而我正试图加快我俩的脚步，以便更快抵达。每次我轻轻地推她，想让她向前迈几步时，她就对我说："没关系，奶奶，我很好。你继续往前走吧，我这样站着就行。"是的，我 4 岁的孙女教我慢下来，享受当下这一刻。

当你的孩子们玩耍的时候，请注意观察，观察他们是如何沉浸在自己的世界里，从一个时刻过渡到下一个时刻的。你可能会喜欢上活在当下，喜欢上观察忙碌的日子里从你指尖溜走的简单的生活乐趣。

什么该争取，什么该放手

孩子们通常活在当下的每时每刻，而不会把自己和思想、事物捆绑在一起。但是，当你的孩子向你表达他多希望能有一只小狗，反复要求你给他买一只的时候，你就能发现，这件事情对于孩子来说是值得争取的，是非常重要的。然而在某些时候，他也可能会决定放弃和朋友争论，因为他太在乎这段友谊，不允许这点分歧成为友情的绊脚石。

还记得我的 4 个孩子还小的时候，我们的生活很忙碌。大多数时候，我一直在说："快点，我们出发！"有时候，我越是叫他们快点，他们的行动就越慢。在某个时刻，我意识到，因为自己那严格守时的原则，我在家里制造了紧张、匆忙的气氛。当然，我的孩子们似乎并不在意我们是否总能准时——那是我的问题，不是他们的。所以我开始思考到底是否需要准时，我重新审视繁忙的日程安排，看看我能放下什么。结果，我们花在匆忙"做"上的时间变少了，而真正"在家"的时刻变多了。我意识到，当我放弃额外的活动时，我们一家人聚在一起的时间更有意义，而且我不再是家里的"计时员"。我们开始为有趣的活动腾出更多时间。

最近，我们全家聚在一起，庆祝三女儿的婚礼。这时我看到了有意识放慢生活节奏的价值。我欢喜地听着已经成年的孩子们回忆小时候一起去糖果店挑选糖果的经历。规则是，只要总重量不超过 110 克，他们可以选择任何糖果。孩子们笑着回忆他们是如何在重量限制内搭配出最多的糖果品种。当我听他们说起这些有趣的经历时，我感叹，连去糖果店这样简单的回忆都能伴随孩子们直到成年——我确信这段经历并不包括我在孩子们后头催促"快点！快点！"

孩子们告诉我们没有什么是永恒的

当你看着你的孩子从小婴儿成长为儿童，再到成人，我相信你会感叹时光如梭、白驹过隙。在流逝的时光面前，孩子们那些曾激怒你的行为或态度不再是问题；你曾经的沮丧和挫败，过后看来可能也云淡风轻。孩子们提醒了我们一个真理：没有什么是永恒的，无论是甜蜜的，还是不那么甜蜜的时光，都会过去。

艾比和我分享了她从孩子身上学到的东西。艾比刚发现自己怀孕时很激动——她渴望成为一名母亲，并期待着与丈夫分享做母亲的感受。起初，一切都很顺利，直到第 7 个月，她出现了并发症，她的女儿早产了。由于呼吸困难，小婴儿不得不用上了呼吸机。医生对孩子病情的发展也没有把握，让艾比和她丈夫做了最坏的打算。他们的恐惧和痛苦是无法想象的，但当他们看着自己的女儿在保育箱里时，他们提醒自己，人生没有保证书，他们要珍惜与孩子在一起的每一刻。分分秒秒汇聚成一天、一周。女儿在新生儿重症监护病房躺了 6 个星期后，终于可以出院，和父母一起回家了。从和女儿在一起的第一天起，艾比就学会了珍惜与感恩，因为她知道这短暂的相聚也弥足珍贵。

孩子的小怨念不会持久

用不了多长时间，你就能意识到孩子们不仅身体好动，还有丰富的情绪。他们怎么会有这么旺盛的精力？也许是因为他们小小的身心并没有被成年人所背负的压力和事务填满。孩子可能很擅长不经任何“过滤”地把自己的情绪发泄出来。发脾气是很好的表现，说明孩子有能力释放自己的情绪。而作为父母，我们的任务则是教会孩子控制情绪，同时也可以从他们身上学到如何以健康的方式表达情绪。作为成年人，我们可能倾向于控制那些不太讨喜的情绪。你还记得，你曾想表达自己的感受，但害怕带来不良后果所以忍住的经历吗？

虽然孩子可能会因为某些事情而噘起小嘴，但通常过不了多久他们就会忘记。我曾经接触过不少家有女儿的母亲，她们经常对女儿和朋友之间的小摩擦过于关心。你是否担心过这些问题呢？其实，当你还在挂心着那些争吵时，孩子们早就已经和好了。

作为父母，我们可以向孩子们学习，去放下长久以来的怨恨。

孩子通常易于接受他人

无论是作为母亲还是研究者，我都意识到，孩子们不像成年人那样爱挑剔、爱评头论足。他们倾向于看到别人的优点，并很快开始为另一个孩子的行为辩护——即使是伤害他人的行为。他们特别擅长宽恕。我经常提醒父母们，孩子原谅他人的能力于父母而言是有益处的。当你犯了错误时，与其被负罪感折磨，不如向孩子道歉，然后感谢他们与生俱来的原谅的能力。每一天都是新的一天、新的机会，作为父母，勇敢地去承认、改正错误吧！

数年前，我从 7 岁的小姑娘克洛伊身上懂得了放手、原谅和给予第二次机会的重要性。我们第一次见面是在我的办公室。她说：“我妈妈好像跟家里格格不入。”她的描述是如此形象，我到现在都难以忘怀。

当时，克洛伊手里拿着一个由许多磁力片做成的球。只要把所有磁力片都放到正确的位置，就会形成一个球。她很快地把球拼好，但手里还拿着最后一片磁力片。她把球和磁力片拿给我看："这片磁力片是我妈妈，球是我的家庭。我妈妈不适合我的家庭。"

我问她原因。她说妈妈从来不给她第二次机会，也不和她一起玩。而她的爸爸和兄弟们总是给她第二次机会，并在她需要的时候陪她玩。

在咨询过程中，克洛伊告诉我，当她妈妈生她的气时（这是常有的事），尽管她保证不会再犯同样的错误，但她妈妈从来没有给过她第二次机会。我问小女孩是什么意思，她说："如果我妈妈不是立马生气，而是给我第二次机会，那么我可以再尝试一次。"

在接受了我两个阶段的辅导之后，克洛伊的妈妈学会了对她的孩子做出回应，而不是直接拒绝。她们开始享受更多的相处时间，并开始一起玩耍。我再次见到克洛伊的时候，她又给我看了那个磁球，依然把其中一片磁力片拿了出来。

她说："你还记得我第一次来你办公室，告诉你我妈妈跟我家格格不入吗？"我说我记得。克洛伊看着我，把剩下的磁力片放进球里，说道："妈妈现在融入了我们家，因为她给了我第二次机会。"

第二次机会，放下埋怨，大度原谅，这些都是孩子们带给我们的最棒的领悟。

孩子勇敢做自己

小孩子通常不担心外界对自己外表的反应。早上，当你看着你的孩子选择要穿的衣服时，你会不会想过去给他换一身更好的搭配？孩子最早向世界展示自己存在的方式之一就是通过他们的服装。他们对生活中的其他事情没有太多的控制能力，但如果有机会，他们可以发出自己的时尚宣言。孩子有一种天生的自我表现力。下一次你在考虑要不要以外界喜欢的方式打扮时，可以尝试像你的孩子一样勇敢地展现真实的自己。

孩子想笑就笑

和你的孩子在游泳池或公园里度过一下午，你大概会一直保持微笑。研究表明，儿童每天笑的次数比成年人多得多，而且笑容也自然得多。你的孩子不会花几个小时计划如何度过他们的时间。他们的一天似乎会自然而然地展开。他们爱玩的个性和旺盛的好奇心似乎在引导着他们行动。他们擅长迅速决定如何打发时间。你的孩子不会因为责任而陷入困境，也不会把生活看得太认真。所以，孩子成了杰出的老师，提醒我们要放松，以一种轻松的方式生活。

孩子希望你知道的事情

父母总是说，他们真希望弄清楚孩子的小脑瓜里在想什么。那么，我就来想分享一些我多年来与孩子们打交道的经验。

这是我的人生，不是你的

作为父母，我们的默认模式是迅速介入，直接为孩子解决问题。我们这样做是因为爱他们、想帮助他们，避免他们犯错，尤其是避免重复我们曾经犯的错。我们不希望孩子们遭罪。但是，我们只有把教导模式关闭，才会开始发现孩子们有多能干。

我想请你回想一下在生活中遇到的一些问题。你是自力更生，还是父母很快帮你解决了问题？如果你的父母很快帮你搞定了难题，你会为他们的介入而感到高兴，还是更希望他们能让你自己思考解决方案？如果有人帮你解决了问题，你在这个过程中学到了什么吗？

说实话，当我们自己坚强、独立、直面挑战时，我们会对自身和生活有更多的了解。当我们承担解决问题的责任，并认识到最初我们是如何造成问题时，我们就学到了很多。面对孩子，我们也有同样的机会和责任。有时候，我们太过帮助自己的孩子了。虽然那是因为很爱他们，但我们在无意中也同时发出了这样的信息：我不相信你能处理好这件事，你没有能力。

这是你希望传达给孩子的态度吗？我们可以也应该帮助他们解决问题——但只能站在局外。这个态度应该从孩子在幼儿时期就树立，并在他们的成长过程中始终坚守。了解孩子的能力（每个孩子各不相同）有助于指导你去辨别是支持他们自己解决问题，还是帮他们解决问题。当我们放下焦虑，提醒自己相信孩子的无穷潜力时，我们就能够为他们提供解决问题的空间和机会。

成为我生命的一部分，但不是全部

我们都想用自己的方式生活，孩子也不例外。底线是这样的：孩子希望我们能在他们身边，但不是一直都在。所有的孩子都需要独立的空间去创造自己的生活，去发展友谊，去参加活动。孩子希望我们出席他们的体育赛事和独奏会，但又不希望我们过度参与其中。他们希望我们在一旁加油鼓劲，但不要直接介入。

孩子也希望，他们的父母有属于自己的生活，能够充实自身，而不是通过他们去体验生活、获得满足、弥补遗憾。

冷静

你那处在学龄期或青少年阶段的孩子有没有告诉过你要冷静下来？也许你的孩子还小，还没有达到这些年龄段，但我们的孩子经常要求我们冷静下来、不要那么紧张、不要把事情搞得太夸张。他们希望我们的反应不要太大，保持镇定，即使在他们自己都不能冷静的时候。

> **情绪反应是父母最大的敌人。**
>
> ——哈尔·朗克尔《零吼叫养出好孩子》

放轻松，和我一起玩

你还记得自己儿时玩乐的场景吗？大多数人成年后变得严肃起来。我们越严肃，玩得就越少。有时，我们似乎认为玩耍是无聊的、不必要的，或者是浪费时间的。当我们允许玩耍进入我们的生活时，它会带来很多惊喜。我们可以通过观察孩子来学习如何玩耍——他们最精通此道。他们通常会边玩边学。孩子通过与其他孩子的互动来学习人际关系。他们还学习谈判的艺术，尤其当他们想要玩某个特别的玩具的时候。正如让·皮亚杰所说："孩子的工作就是玩。"

玩耍也给我们带来乐趣。它有助于放松心情、舒缓情绪。它给了我们宝贵的机会去放松和享受生活。和孩子一起玩的最大好处之一就是建立联结。我们花时间陪孩子，而不用给他们指导或纠正他们的行为。在玩耍的过程中，我们可能会想做一些教育孩子的事，但如果我们能够暂时放弃老师的角色，以玩伴的身份出现，孩子想象力的魔力就会显现出来。当你能暂时成为孩子的玩伴，丢开教导他们的冲动时，你就能体会玩耍的益处，你与孩子之间的联结也会更加紧密。

我给很多家长的第一份家庭作业就是和孩子一起玩耍，不管他们有什么样的顾虑和担忧。当父母以玩乐的方式与孩子相处时，父母会开始以一种不同的，而且是更好的方式看待他们的孩子。孩子们以最原始、最本真的状态出现，无须证明，已光芒闪耀。

最近，我在给一位母亲做咨询，她觉得日常的家庭责任让她不堪重负。她想通过其他方式与女儿交流，而不仅仅是敦促女儿完成作业、按时洗澡，等等。当时，玩耍不在她的职责列表之内。我和这位母亲交流了玩耍以及花时间与女儿有质量地相处的重要性。再见到我时，这位母亲说，有一天早上她走进女儿的卧室，问她的小女儿："你愿意和我一起玩吗？"她女儿当时的表情是无比珍贵的。"她看起来很惊讶，无所适从。但她惊讶的表情渐渐变成了灿烂的笑容，然后她接受了我的邀请。"我喜欢这位母亲变得“爱玩”的方式。

很多时候，孩子邀请我们一起玩的时候，我们都回答“过会儿吧”或“下次吧”，因为我们被家长的角色和责任压制着。也许，问问孩子“你想和我玩儿吗”能够开启很多有趣的亲子时光。

陪着我——现在

我们都知道专注陪伴孩子的重要性，但这从来都不是一件容易的事，尤其是当我们的脑子里有很多事情的时候。你有没有被孩子抓住思想开小差的时刻？也许在你回过神之前，孩子已经叫了 5 遍“妈妈，看我”！

孩子是不会因为成人的压力而分心或不知所措的。他们能够身心专注地做一件事。这是多么宝贵！成年人也能有这样的经历，但这已经不是自然而然的了。

专注于当下是父母需要培养的一种技能——这需要练习。有很多方法能练习。当你把注意力集中在你正在做的事情上时，你就是在练习。刷牙、散步、吃饭、看日落、静坐都是让你专注于当下的活动。如果你在进行这些活动时被某个想法分散了注意力，那是正常的。只需要意识到那个想法在让你分心，暂停活动，深呼吸，然后重新集中注意力即可。

成为最好的你——为了我

孩子想让我们知道，如果我们只说不做，我们的话语就毫无意义；如果我们言行不一，我们的信誉就大打折扣。孩子正在用敏锐的观察力观察着我们，看我们是否值得信任——不仅说到，也能做到。他们想知道他们可以指望、信赖我们，也希望我们能坚守自己所说的，即使这意味着要强制执行某个规则或结果。

几年前，我为一对有 5 个孩子的父母提供咨询。他们的生活和工作都非常忙碌，他们因为孩子们从来没有“按照父母的要求去做”而感到失望。有一天，我见到了他们 8 岁的儿子本。我问本，如果你可以改变这个家里的任何事情，你想改变什么呢？他毫不犹豫地回答：“我希望我的父母能把约定好的事情坚持、贯彻到底。”他接着说，虽然他的父母有时警告孩子们说，如果不按照他们的要求去做，就会有后果，但他们其实很少真正去执行。本希望父母能让他为自己的行为负责，并按照之前约定好的去做。同样，你的孩子也希望你能全心全意地爱他们、遵守你的诺言。

让我们相互尊重

多年来，许多父母坐在我的办公室里，抱怨孩子不尊重他们——甚至敢顶嘴！当我发现这是一个长期的问题时，我经常问这些父母是否尊重他们的孩子。我的问题常常遭到他们对“相互尊重”这个理念的抵制。问问你自己，作为父母，你是否觉得尊重可以是单方面的？你没有义务尊重你的孩子吗？如果你想让你的孩子尊重你，那么你需要先成为一个值得尊重的人。

有些父母说，他们当然尊重孩子——但孩子没有意识到这一点。这就出现了一个问题：如何才能让孩子知道父母是尊重他们的。

· 先充分倾听孩子，不加任何评判。

· 即使我们不同意或不能完全理解，也要承认他们的感受。

· 请孩子帮助我们更好地理解他们。

· 父母不必总是对的。

· 承认我们犯的错误。

· 在我们没有尊重孩子的时候向他们道歉。

倾听和学习

当我们对孩子“教授”的课程敞开心扉时，孩子就是伟大的“家教老师”。每一天，他们都给我们学习和成长的机会。这要求我们放下主观意志，看到自己的“影子”。通过把自己变得真实、脆弱来展现真正的、“凌乱”的自我，从而给孩子和自己自由。你和孩子都可以自由地展现真实的自己，你们有犯错误并从中吸取教训的自由，有表达自己观点的自由，有感受自己心灵的自由——换句话说，有成为一个完整的人的自由！这些自由最终会帮助孩子看到真实的你，并与你建立真实的联结。

会放手的母亲

我看着你，看到我带给你的伤害。

“那是我。”当我不那么令人满意的品质在你身上显现时，我说。

我太不耐烦。

我太控制狂。

我操心过度。

我太独立，

太反应过度，

太固执，

太敏感，

太不切实际了。

恐怕，我已经把这些都遗传给你了。

恐怕，已经无法改善了。

但后来，我看到你抱着一只小狗，

成为一个小领导，

写了一个故事，

发丝飞扬地奔跑，

像艺术家一样创作，

张开嘴巴大笑，

保护你的妹妹，

替别人擦干眼泪，

想出了一个很棒的计划……

这时我说：“那是我。”

也许我并不是一团糟。

我还是有些优点的。

你也注意到了这一点，

以你自己独特的优势、才能和天赋。

人生中第一次，我感到了希望。

感到随着时间的推移，

我那些不那么讨喜的特质也会变得柔软，

我那些尖利的棱角也会被打磨圆润。

也许，我比我想象的要好得多。

也许，你也会做得很好。

也许，你已经很好了。

所以，当我今天看向你，我会试着去关注我俩身上，

比“好”更多的东西。

——瑞秋·梅西·斯塔佛，博客“放手的妈妈”的博主

日常练习

- 你有没有把孩子当作老师过？当你读到“孩子是我们的老师”这一章时，你的想法是什么？
- 描述你意识到孩子是你的老师的情景。
- 你在孩子身上看到了自身哪些积极或消极的品质？
- 你觉得看到自己消极或积极的方面是容易的还是困难的？
- 你的孩子触碰过你的“禁区”或“逆鳞”吗？如果有，你的“禁区”或“逆鳞”是什么？如何触发？
- 在你其他类型的关系中，也有同样的“禁区”吗？
- 你想改变自己哪些方面？需要付出哪些努力或代价？
- 你觉得排解消极情绪和原谅他人是容易还是困难？说出一个让你难以释怀的情况。是什么在阻止你放手？
- 在“孩子希望你知道的事情”这部分中，哪三点最能引起你的共鸣？
- 列出行动步骤，在接下来的一周做出你想要的改变。
- 阅读完本章后，你打算……

第七章

到底是谁的问题

孩子养育得好不好，不是看孩子的行为，而是看父母的行为！

——安迪·史密森

孩子的情绪管理能力取决于他们的父母能否恰当地管理自己的情绪。当孩子情绪和行为失控时，你是如何处理的？在和孩子交流之前，你能先平静下来吗？情绪是会传染的。你话语背后的情感会影响孩子对你的看法，也会影响你们之间的亲子联结。帮助孩子冷静下来，最有效的方法是先让自己冷静下来。哪怕需要通过专门的训练或寻求咨询，你也要去努力尝试。

章节概览

孩子的行为通常是父母行为的反映，我们需要付出很大的努力去认识这一点，部分原因在于我们其实不想承认。但当我们能够勇敢地为自己负责时，当我们学会管理自己的情绪时，我们才能为孩子建立健康的情绪训练模式，从而帮助他们成为有情绪控制能力的人。

消极的育儿方式

在我的育儿咨询辅导课上，妈妈安吉看起来沮丧又疲惫。她向我描述了她 6 岁女儿的一连串行为问题。当她在说她女儿问题的细节时，她的呼吸变得又快又浅，她相信她女儿所犯的每一个错都表示着“既不服从也不尊重她”。我让安吉停下来喘口气。她放慢了呼吸，擦去了眼泪。

“为什么我和女儿一起共度一天会这么困难？她才 6 岁就是现在这个样子，我真的很害怕看到她十几岁时的样子。我之前对成为一名母亲充满期盼，但现在我真的无法享受和她在一起的时光。”

我遇到过许多和安吉有着同样遭遇的父母。我记得自己也曾感受到同样的挫折。在安吉看来，一切似乎都是在和她的女儿做斗争——从早上起床、刷牙、穿衣、上学，到做作业、上床睡觉。在安吉看来，每次只要她说“不”，她的女儿就会大发脾气。我问安吉，到目前为止她做了什么来改善她女儿的行为。她说，她已经竭尽所能地尝试一切自己能想到的办法，“但是全部都没用，我女儿的行为越来越糟糕。”

我问安吉：“这是谁的行为问题？”她回答说：“当然是我女儿的，但是我也要对她的行为负责。”

“是吗？”

我也想问你同样的问题。你孩子的行为是你的责任还是孩子的责任？你可能和许多父母一样，认为你应该为孩子的行为负责。当我们有这种想法时，我们会不知疲倦地努力控制孩子的行为，同时试图理解孩子看似不合逻辑的行为。我们弄不清楚，吸管杯里的水是蓝的还是绿的很重要吗？我们也不明白为什么孩子们会突然情绪崩溃。为了“纠正”孩子的行为，我们查阅育儿书籍、专家或名人的博客，咨询朋友和家人。我经常提醒父母们，他们的孩子和孩子的行为都不需要被纠正——因为无论孩子还是其行为都并没有“错”。孩子是小小的人类，他们有时很合作，行为也很好，有时则不然。有时他们的行为是有道理的，但大多数时候是毫无缘由的。

所以，好消息是，你不必为孩子的行为负责，你只需对自己负责。请深吸一口气，同时把这个观念也吸收进去，因为这一点很重要。现在，你知道你不再需要对孩子的行为负责，只需要对自己的行为负责，这会让你感觉更好还是更糟？这些想法会减轻或增加你的焦虑吗？不为孩子行为负责的概念对你来说可能很陌生。如果你仍有疑问，请继续阅读。

也许你读过很多育儿方面的书，从而无法相信这个观点，但我还是想和你分享这些年来我作为专业人士学到的知识。作为公认的零吼叫育儿领导者，我曾经怀疑但现在坚信不疑的是，你能给孩子最好的礼物就是专注于你自己。我的同事兼育儿导师哈尔·朗克尔也坚定地向我传达这个观念。虽然这种观念的转变对你来说可能是全新的，但只要你愿意这样做，在未来的日子里，你都将在许多方面让你的孩子和你自己受益。

哈尔·朗克尔是零吼叫研究所的创始人，他说：“育儿的重点不在于孩子，而是父母。”他进一步解释说：“对孩子保持影响力的唯一方法是重新获得对自己的控制。”“零吼叫育儿法”这个名字可能会让一些家长认为这种教育方式不适合他们，因为他们相信吼叫是让孩子听话的唯一方法。有一位母亲跟我说，每天晚上她至少不下 5 次地告诉她的女儿该去上床睡觉了，但她女儿根本不听，直到最后一次她用吼叫的方法才有效。似乎不管教育方式如何，我们都是以不同的方式在吼叫——可以说，吼叫是最普遍的育儿方式。当发生以下情况时，我们几乎都会吼叫：

· 与孩子有隔阂或者没有与孩子建立联结；

· 试图操纵或控制孩子的行为；

· 管教过度（直升机式养育），或者管教能力不足；

· 放弃或屈从于孩子。

当我们对孩子的行为感到沮丧和不知所措时，我们会吼叫。朗克尔认为，我们最大的敌人是“自己的情绪反应”。我也相信，在我们与外界的所有关系中，最大的敌人仍是我们自己的情绪反应。零吼叫研究所的使命正是通过处理一种关系最终达成一个平和的世界。想象一下，如果每个人都能专注于自己，为自己的情感反应负责；如果每个人在做出反应之前都能先控制一下，负责地处理事情，我们的世界将会变得多么不同。如果你在行动前能给自己一点时间，你会以更理性的方式做出回应。你大脑的边缘系统——也就是控制你情绪的系统——会开始平静下来。你的反应来自大脑中一个更平和的地方，它能帮助你理性地思考。

当你情绪激动、行动迅速时，你更容易做出非理性的反应。有时我们比孩子们更不理性。我们的本能反应无助于我们以理性的方式为人父母。在平静的状态下养育孩子可以让你为自己和孩子做出更好的决定。哈尔·朗克尔与世界分享的信息是，“和平始于暂停”。是的，你可以和你的孩子有更和平的关系，但是和平是自你而起的。

这个概念给父母们提供了一个机会，让他们拓宽自己的视野，改变自己为人父母的方式。在我看来，零吼叫育儿法教给我们的是一种不同的而且更好的方法，可以更有效地处理孩子的行为问题。虽然你会继续观察孩子的行为，并有机会了解背后的原因，但你同时也将学会更多地关注自己。与此同时，你还会发现你的想法和信念如何影响你的行动。这些知识已足够让你进行自我反省，并改变你过去秉持的“行为－问题”观念中自己需要负责的那一部分。如果你愿意尝试，你的家庭会发生持久且积极的变化。你的孩子也会欣赏你拥有自己人生的能力。

内部变化所引起的外部结果无疑令人赞赏，特别是当反应过激型父母愿意尝试做出理性反应时。我曾遇到许多自称“吼叫型”的父母，尽管他们并不想要用这种方式来教育孩子，但当他们感到沮丧时，依然把大吼大叫作为让孩子听话的唯一办法。我向他们说明，大吼大叫根本没有效果，长期来看，还会损害他们和孩子的关系。孩子不是靠大吼大叫来学习成长的。而且孩子也会知道你很容易生气，所以他们很有可能故意对你提出的要求拖拖拉拉、不照办，直到你再次大吼大叫。孩子也会因此变得喜欢大吼大叫或畏畏缩缩。

当反应过激型父母来寻求我的辅导时，通常我给他们布置的第一个任务就是坚持一个星期不要大吼大叫。你可以想象这些父母听到这句话时的表情。他们的第一反应通常是，哦，那我该怎么做？大吼大叫是我唯一能让孩子听话的方法！尽管大多数家长对这项“作业”持怀疑态度，但他们通常会同意尝试一周。所有接受了这个挑战的父母，在大多数时候都已经能控制自己停止吼叫，他们兴奋地跟我说，这短短一周改变了他们孩子的行为。是孩子突然变得完美、听话了吗？当然不是。实际上是当父母停止吼叫时，他们开始注意到孩子身上发生的微妙变化。孩子变得不那么被动，更愿意合作。他们也不太抗拒与父母交谈了。这或许是因为他们不再害怕谈话会变成激烈的争论。父母和孩子都认为自己得到了对方的尊重。父母和孩子之间的焦点不再是手头的任务，而是他们之间的联结。通过这种联结，孩子们变得更加合作。

关注你自己

当我教授零吼叫育儿法的课程时，我在课程开始时便给父母们布置的家庭作业中增加了一个项目。我让他们尝试找出是什么触发了他们吼叫，并请他们关注这个问题。此外，父母们还需探索如何学会在做出反应之前先暂停一下，让自己冷静下来。我注意到，越来越多的父母开始面带微笑地出现在课堂上。当我问他们近况如何时，大多数父母回答：“好多了！”父母们开始注意并了解暂停的力量。这种暂停并不能保证孩子的行为会更好，但肯定能保证父母的行为会更好。这种简单的停顿，虽然要坚持做到并非易事，但它确实成了改变的动力，不仅对父母如此，对孩子也是如此。暂停，让父母有时间进行自我反省，选择自己希望采取的行为方式。父母的情绪和情绪反应不再依赖于孩子的行为。因此，当父母学会了暂停并能管理自己的行为时，他们的孩子会同样学会这样做。

市面上的育儿书籍成千上万，其中大部分书都建议你关注孩子的行为。毕竟，是孩子的行为让你烦恼。因此，这些书理所当然地建议你把注意力集中在“出了问题”的地方，并努力“纠正”它。你也极有可能在用这种方法纠正你的孩子的行为问题。这应该是绝大多数家长采取的方式，而且是几代人都采取的方式。问题的关键是，这种方式的关注点是孩子，而非父母。当父母把注意力投射到孩子身上时，他们常常会看到孩子的行为需要改善——但这种改善又无法持续，因为这种方式只能带来暂时的改变。将注意力从孩子身上转移到家长身上，关注我们自己的行为，这看起来可能有些违反我们的直觉，因为作为父母的我们一直被告知要关注孩子的行为。我们的文化也已经变成以孩子为中心的了。因为大多数家长只关注孩子的行为，所以大家就认为这样是对的。我听不少父母说，家里似乎是孩子在当家做主。孩子几乎是父母唯一的关注点。父母开车送孩子去参加活动，确保孩子得到想要的一切，同时努力让亲子关系保持平和，以避免发生矛盾。许多父母抱怨，他们的一生似乎都在围着孩子转——事实也确实如此。

这种以儿童为中心的家庭现象是最近才出现的。过去的几十年中，父母并没有过多地关注孩子的需求，而是期望孩子能适应家庭的需求。父母对孩子的过度关注，也导致了他们对孩子的行为和改善行为的方法的过度关注，同时也导致了老问题的出现——错误地将焦点放在孩子身上。当我们的目光只盯着孩子的行为时，我们就忘了关注自己的行为。

许多父母花了无数的时间和精力来关注孩子的行为，希望培养孩子的责任感，然而他们在不知不觉中走错了路。让我们来设想一个场景。一个中学生不想为某次考试而进行学习，但这不是一次普通的考试，而是决定这个孩子是否能进入“天才班”的考试。因为这个孩子没有做考前准备，考试结果不如人意。但父母没有让孩子从这次失利中吸取教训，而是写了一封信给老师，说孩子在考试前一天晚上生病了，无法学习，希望老师能允许他重新考试。其实，家长写这封信的目的有一部分在于想减轻自己的焦虑。也许如果这个孩子没能进入“天才班”，他就有可能进不了全家其他人都上过的常春藤盟校，所以他的父母才写了这封信。但是，这个孩子从中究竟学到了什么？——爸爸妈妈会设法帮他，或者说谎没什么大不了的。事实上，这并不是一个设想的场景，而是我知道的一件真事。这个孩子现在正在一所非常春藤盟校的大学上学，为了达到目前这所大学的学业要求，他尚在苦苦挣扎。由此可知，帮助孩子学会对自己的行为负责，不仅让孩子在成长中受益，对成年后的他们也依然有益。

朗克尔说：“我们要对孩子负责，而不是要为孩子负责。”一旦父母们接受了这个观念，把“为孩子负责”转变为“对孩子负责”，游戏规则就改变了。如果我们为孩子承担责任，我们就会觉得自己需要对他们的行为、学业、所做的决定、所犯的错误全都负责。为了平息焦虑，我们不仅要承担这些责任，还要确保做对每件事。作为父母，我们相信自己知道什么是对孩子最好的，这就产生了我们控制孩子的内在需求——确保他们不会误入歧途。这种观念还会导致我们相信孩子的成长反映了我们为人父母的能力。总之，这种育儿模式只会增加和强化父母的焦虑。

一旦你开始全身心地关注自己，就有机会检查自己为什么反应过激。

在前面我们研究了诱因，知道了诱因是我们童年所未能解决的情绪，或者是我们感受到的父母的焦虑。我们经常无意识地在脑海中不停地重复播放“录音”——如果孩子们没有复习功课，考试不及格怎么办？如果他们没通过学校的足球队选拔怎么办？如果他们错过了去上学的公交车怎么办？如果他们在学校行为不端怎么办？可是，我们为什么要这样想呢？如果父母认为应该要对孩子负责，那么就很容易会认为自己要对孩子的一切负责。于是，父母就会产生一个潜在的观念——育儿能力取决于孩子是否成功。同时父母会理所当然地认为，孩子的表现正是父母教育的结果。但果真如此吗？这种观念，无疑会导致父母更加疲惫，以确保孩子万无一失，永不失误。

同时，这种教育方式也导致了父母与孩子之间的非健康关系——亲子关系变成有条件的了。因为父母内心深处担心孩子会失败，所以他们不允许这样的事情发生。父母剥夺了孩子从错误或失败中学习的机会，也不希望孩子吃苦，但吃苦确实是生活不可或缺的一部分，它教会孩子如何做出更好的选择，或者接受无法改变的事情。

我曾经给 12 岁的女孩阿曼达做过咨询，她当时被诊断为焦虑症。我清楚地记得当我第一次见到她时，她说：“我觉得你真应该见见我妈妈——她才是那个有焦虑症的人！”我认为这位年轻女士很有洞察力。

在我第一次见阿曼达的母亲时，她告诉我，虽然阿曼达小时候确实有点杞人忧天，但当时并不严重。妈妈接着说，阿曼达不太喜欢冒险，她和其他孩子一起参加早教活动时，除了反应相对慢一点，整体似乎还正常。上幼儿园时，她表现得很害羞，但她还是很喜欢去幼儿园。直到二年级时，阿曼达的妈妈注意到女儿开始担心她的功课。阿曼达的妈妈说自己的女儿是个完美主义者，如果做不到完美，她甚至不愿意去尝试。每当阿曼达不理解老师布置的作业题时，她就会坐在书桌前哭泣。这让她妈妈很担心，因为她妈妈记得自己在阿曼达这个年纪时也有同样的感觉。当阿曼达每天早上恳求妈妈不要送她去上学时，妈妈的焦虑程度也飙升了。这时，妈妈面临选择——要么和老师谈谈，这也许能让阿曼达在学业上得到支持，要么就真的让她待在家里不去学校。不幸的是，阿曼达的妈妈选择了后者。

由于这位母亲经历过焦虑，作为家长，她的焦虑在这时彻底爆发了。她决定让女儿在家待一个星期，后来变成了两个星期。她确保阿曼达完成了老师布置的家庭作业，但也拒绝了学校要求阿曼达重返课堂的要求。直到她被告知阿曼达有留级的风险时，她才勉强同意把阿曼达送回学校。在老师的特别关注和支持下，阿曼达开始感到放松，并能够完成每次的作业和考试而不至于留级。

当阿曼达在社交和学业上都有了更好表现的时候，她的妈妈却并非如此。妈妈依然对女儿有着高度的焦虑，并强烈地希望阿曼达永远不会再被像小时候那样的焦虑所折磨，于是她开始尽一切努力为女儿创造一个没有压力的生活环境。每当有生日聚会或其他活动时，阿曼达都会担心自己可能会遇到不认识的孩子，因此她对于是否参加活动而犹豫不决。这时她妈妈要么会建议她不去，要么就会亲自干预以确保阿曼达参加活动时不会感到不舒服。比如，她妈妈会提前打电话问谁会来参加活动，然后给参加活动的几个女孩的父母打电话，主动提出开车接送孩子，这样阿曼达在活动开始之前就可以交到朋友了。如果阿曼达担心学校的考试，她妈妈就会让她考试当天待在家里，然后给老师写一张请假条，说阿曼达身体不舒服，请老师另找时间让她补考。

阿曼达来我这里进行咨询时，她正要准备上中学。她妈妈认为经过一年的咨询，阿曼达似乎没有那么焦虑了，但她妈妈认为从小学向初中的过渡对阿曼达来说会很艰难，就像从前刚上小学时一样。然而在我和阿曼达谈起这件事时，阿曼达认为自己确实有些紧张，但同时也有些兴奋，因为终于要上中学了。她的这种紧张情绪对于升入初中这种转变来说，其实并没有不恰当。之后我才发现，真正紧张的人是阿曼达的妈妈。就因为阿曼达要上中学，她在暑假去了女儿要上的中学好几次，并请求学校确保阿曼达要上的 7 门学科的课堂上都至少会有一个阿曼达的好朋友。她还要求阿曼达的午餐休息时间和几位朋友要一致，甚至她还给学校的老师提供了一份每堂课和每次午餐时的推荐朋友名单。

在了解了这些情况之后，我告诉阿曼达的妈妈："我知道你这么做是出于对女儿的爱，但你实际上是在伤害她。你的行为给阿曼达传达的信息是，你不相信她能独自处理这些事。"

阿曼达的妈妈落下了伤心的眼泪。她承认，她不想让女儿像以前那样受苦，所以她愿意做任何事，只要能让阿曼达感到舒服。于是我提醒她，为了确保阿曼达不受伤害，她更应该让阿曼达学会自我转变，来迎接生活的可能性，而不是为阿曼达改造她的生活。

当焦虑影响到父母所做出的决定时，父母就会很快介入并解决孩子身上的任何"问题"。而这样做其实只是为了缓解父母自身的焦虑。也因此，父母会陷入“威胁—修正—威胁—修正”的恶性循环式育儿法。我通常把这种育儿法称作“打鼹鼠”式的教育。记得孩子们玩的这个游戏吗？小鼹鼠从洞里探出头来，你就飞快地把它打回原位。随着游戏的进行，鼹鼠们开始以更快的速度出现。当你刚把一只鼹鼠打回到本来的位置时，另一个小脑袋又从别处冒出来了。如果你玩过这个游戏，你可能还记得鼹鼠脑袋弹出来时的惊奇感。你已经尽最大的努力，但是要让它们都退回原位却越来越难。我们身处焦虑状态去教育孩子的情景就是如此。我们企图让孩子和他们的生活始终保持在“正常位置”，结果让自己精疲力竭。当我们围着孩子团团转，试图确保他们永远不走弯路、不碰南墙时，实际上我们也在阻止孩子体验生活，让他们得不到生活可以提供给他们的基本教训。我们认为这样做是为了孩子，但实际上是为了自己——让我们感到不那么焦虑，让我们感到作为家长的价值。

通过阿曼达和她妈妈的例子，我们明白焦虑是有传染性的，它会抵消或打破我们努力与孩子建立的联结。当父母让焦虑占据上风时，神经系统不再听从于理性调配。比如，当父母预料到自己的孩子有可能面临某个问题时，父母会自动开启“战斗”模式，哪怕其实根本没有什么大不了。这和孩子突然跑到车水马龙的马路上不一样，这种情况下，作为父母必须要反应迅速以确保孩子安全。但是，如果孩子只是不愿意吃饭，那就不一样了。然而焦虑和潜在的担心可能会让父母不分场合地做出不恰当的反应。

举例来说，有些孩子不想吃晚餐，他们的妈妈就会担心孩子空着肚子上床睡觉会“饿坏”的。如果孩子们晚上睡觉前哭闹，央求着想吃点心或零食，父母的担心就加重了。因此，为了让孩子吃饭，也为了让他们不吵闹，不少妈妈养成了在晚上给孩子单独做一顿饭的习惯，但同时，她们又都希望自己当初没有开这个头。虽然孩子们可能是空着肚子上床睡觉的，但他们不会“饿坏”的，特别是大多数孩子通常都在傍晚吃过零食，所以他们在吃晚饭时根本不饿。由此可见，妈妈们害怕让孩子挨饿，因为这样会让她们觉得自己是坏母亲，正是这种想法阻碍了她们理性地养育孩子。

哈尔·朗克尔认为，教育孩子应该遵循为人父母的原则，而不是屈从于父母的焦虑。这两种方式所带来的亲子关系是截然不同的。前者是孩子良好行为的有力保障。同时，父母也不用再为了让孩子表现得有责任感而坚持去纠正、强迫或哄骗他们。如果父母把自己的情绪凌驾于孩子的尊严之上，就会说出“别让我生气”“我让你马上上床睡觉”或者其他让自己更崩溃的话来，与此同时，父母的尊严和权威也崩塌了。

然而，在养育孩子的过程中，一旦父母始终放不下焦虑的情绪，就会要求孩子一定要有好的表现，以此来缓解或平息自己的焦虑。要求孩子行为规范，长大后成为有责任心的公民，这当然无可厚非。然而，通过强迫孩子检点行为来巩固父母的家长地位就是另一回事了。父母努力来确保孩子行为规范、有责任感，而最终却是让孩子对父母的情绪负责。父母需要孩子以某种方式来让自己安心，而他们自己却完全没有意识到这一点。但是，照顾父母的情绪并不是孩子的责任，学会自我管理才是孩子的责任。同时，孩子还需要父母能够控制和管理好自己的情绪，这样父母才能教育孩子如何做好情绪管理。一旦孩子被“要求”来处理父母的情绪，亲子关系就变成了一种依赖关系。而当情感和幸福感依赖于关系中的另一方时，就会导致相互拖累。当关系中的一方为了避免被拒绝或引起对方不快，而改变了自己的价值观并做出妥协时，依赖就此产生。这种依赖，以爱和安全感之名，实际上是一个人顺从于另一个人。也许你小时候也这么做过，为了取悦你的父母或让他们感到幸福，你顺从了他们的意愿。也许你因此成了“完美”的孩子。也许你觉得自己迷失了自我，或者把别人的情感需求放在了自己的需求之前。如果你没有在成年前治愈自己的童年创伤，那么你极有可能把这种依赖带到成人关系中。依赖困扰着许许多多的夫妻关系和亲子关系。当父母和孩子之间存在依赖关系时，父母的情感需求会成为压在孩子稚嫩肩膀上的一种责任。但对于孩子来说，这种责任太过巨大。孩子既没有能力来承担这一责任，也不应该被强加上这种责任。

你从父母那儿学来的，正是父母从他们的父母那儿学来的。依赖性是代际问题和遗留问题，如果你意识不到这一点，那么你会很容易把它再传给自己的孩子。婚姻家庭咨询师、依赖关系专家达琳·兰瑟表示，以下迹象表明夫妻双方存在相互依赖关系：过度关注某人或某事，自卑，谦卑地沟通交流，否认或贬低需求、情感和欲望，较低的底线，较强的控制欲。

依赖关系导致的结果是，你想要控制孩子，并且会快速地帮他们解决问题，同时也会依靠孩子来满足自己的需求。但是，请不要把这种情感负担强加在孩子身上。这里提供一些打破家庭依赖关系的方法：

鼓励家庭中开放、健康的沟通。

· 尊重孩子的感受和想法。

· 不要嘲笑孩子说的话。

不要试图保守家庭秘密。

· 如果父亲酗酒，鼓励孩子们一起来交流这个问题。

尊重孩子的界限。

· 尊重孩子的感受。

· 尊重他们的隐私，如果要进他们的卧室，记得先敲门。

· 不要偷看他们的日记、信件或电子邮件。

· 孩子的身体是重要而不可侵犯的，因此与他们进行身体接触要有界限，也要允许他们来设置自己的界限。当孩子告诉你别再挠他的痒痒了，请你停下。这样做会让孩子知道，在别人不恰当地触摸他们的身体时，他们应该告诉别人不要这么做。

· 让孩子更有责任感，让他们来做适合自己年龄的决定。在依赖关系中，孩子与父母是相互依赖的关系，很难有机会自己做出决定。给孩子自由和指导去帮助他们，让他们学会自己做出最好的决定。

· 创建合理的规则，承担选择的后果。在依赖关系的家庭中，要么没有什么规则或没有持续性的规则，要么就是极为严格、死板的规则。孩子当然需要规则，但他们也应该有做选择的空间，这样他们才能有机会感受自己选择的后果，并从错误中吸取教训。

· 在家庭中多让孩子感受到爱和亲情，不要让孩子觉得你对他们的爱取决于他们的表现。

· 与孩子共情。

请记住，打破依赖关系的一个很重要的方法就是尊重孩子。尊重他们的沟通交流方式以及他们的界限。同样重要的，还有不侵犯他们的隐私，也不影响他们做决定。当孩子步入青少年时，这些将会尤为重要。

社交媒体的兴起无疑加剧了父母处理这方面问题的难度，它使我们不得不面对一个新的领域，让我们思考该在多大程度上监控或尊重孩子的在线活动——尤其是当全世界都能看到孩子的行为时。在某种程度上，社交媒体已经成为青少年新的在线日记，有些事情家长最好不要知道。当然，并不是说让孩子全然脱离父母的指导而随心所欲。但是，正如我们不应该通过看他们的日记来侵犯他们的隐私一样，浏览他们在社交媒体上发的帖子既不合理也不明智。这样做，不但侵犯孩子们的隐私，还会变相地鼓励他们学会更多隐瞒父母的技巧。事实上，当父母不断地搜索孩子的短信、电子邮件和社交媒体账号时，通常他们孩子的行为会变得更糟。

尽管手机 GPS 定位系统十分奇妙，但我们根本不应该利用它来监视孩子的一举一动。你能想象如果你的父母如此密切地盯着你，你的青少年时期会有什么不同吗？为了“保障”孩子的安全，父母想尽一切办法关闭账户、监控帖子、跟踪孩子的行踪。为孩子制定规划，与他们讨论网络行为的安全性和不当网络行为的负面影响，这些当然都很重要，但给孩子留出空间也很重要，这将让他们学会对自己负责。如果他们在社交媒体上发表对同学刻薄的评论，一旦被学校发现，他们被停课，这时请让孩子自己承担后果。因为明明知道学校都有反霸凌政策，但孩子仍然选择发表负面的攻击性帖子。父母并不知道孩子的决定，所以父母是没有责任的。我们应该清楚，孩子在社交媒体上的行为并不是我们为人父母能力的反映，而是孩子自己的选择。

尊重感受、管理情绪

我不愿意去感受内心被压抑的伤痛和恐惧，而我的孩子们却清醒地意识到了它们。承认这些感受，远比面对分离、修复关系、强制要求甚至放弃都要难得多。然而，如果我不愿意直面，它们就会转嫁到我的孩子身上，由他们来替我感受出来。所以，虽然有时这些负面情感犹如难以下咽的苦药，但如果我直接面对和勇敢接受，我的家庭就能更加和谐快乐。

——卢玛，两个孩子的父亲

孩子通常会把父母未能解决的情感问题表现出来。那些“最难相处”

的孩子其实更能帮助父母意识到并解决情感创伤。是的，那个几乎每天都要“惹毛”你的孩子，那个总是和你斗智斗勇的孩子，就是最有可能教会你深入了解自己的孩子。也可以说，孩子反过来督促了父母的成长。孩子希望也需要我们能够自我控制、自我反省、为自己负责，而不是为了让我们自己感觉良好却要求他们处处举止合宜。孩子会不断地挑战我们，触碰我们的底线。正如哈尔·朗克尔所说：“我希望他们继续来触碰我们的底线——这也是为了我们自己能够成长。”他还认为：“成长是一种选择——取决于我们自己。”但可以肯定的是，我们的孩子一定会要求我们成长的。

正如在前面的章节中所讨论的，为了成长，认识并治愈自己未解决的情绪问题极为必要。这是父母能够赠予孩子的最好的礼物之一。当我们对自己的情绪都有更清醒的认识并欣然接受时，我们就可以更好地接受孩子的情绪。

要想达到“充分”的情感交流，就要允许自己能够接受他人思想的影响。

——丹尼尔·西格尔博士《心智成长之谜》

不管你的孩子表现如何，你都能做到保持冷静吗？事实上，孩子需要父母帮助和引导他们处理情感上的波动。要做到这一点，父母必须能够先控制好自己的情绪。我经常听到父母抱怨，处在青春期的孩子情绪很容易失控，父母也会因此变得情绪化。这些父母承认他们要么在压抑自己的情绪（因为害怕自己会失控），要么就会彻底释放情绪。而后者无疑意味着孩子和父母都失控了。可见，压抑情绪或彻底爆发对父母和孩子都没有好处。

当我们自己情绪失控时，我们肯定不能要求孩子保持冷静。因此，请记住，我们的行为表现是很重要的。当我们无法控制情绪时，我们作为父母的可信度就岌岌可危了。回顾过去，当你变得和孩子一样情绪化时，对于解决问题有所帮助吗？所幸，大多数父母很早就意识到，失控的行为只会让孩子的情绪风暴更加恶化。

有一些父母在找我做咨询之前参加过“学会不生气”的课程。这门课试着教会父母控制愤怒的情绪，但大多数人都只学会了压制愤怒，或者转移注意力不再关注内心的感受。事实上，与其控制愤怒，不如给自己时间和空间去感受自己的情绪（通常来说，在愤怒产生之前，就已经有其他情绪在酝酿了——悲伤、恐惧、嫉妒和怨恨）。充分感受自己的内在情绪，比控制愤怒更重要。允许自己去感受情绪，有助于驱散情绪对我们的强烈控制。那些被承认、被接受，而不是被迅速推开的感觉对我们的影响更小。反倒是我们对某种情绪的对抗，使之持续更久。举例来说，我们可以把这些“不想要的”情绪想象成孩子们对着我们哭喊“看着我……看着我……嘿，看着我”。我们越是抗拒，他们就哭得越久、越大声。情绪模式和行为模式都暗示着我们要集中注意力。勇敢地审视自己深层的内在情绪，有助于打破旧的方式，并最终达到情绪自由。

日常练习

在开始探索最有益于你的表达和管理情绪的方法之前，建议你先花点时间做一些日常练习。请谨慎、诚实并温和地对待自己的内心。或许你已经隐藏某些情绪很长时间了。如果你不确定这些情绪的来源也没关系，重要的是你能够识别它们，而不是回避它们。为了你自己和你的孩子，请认真对待它们。

- 当你还是孩子时，你被鼓励去表达你的感受吗？是表达你所有的感受，还是一部分？
- 你的父母是如何表达他们的感受的？
- 在你的家庭中，是否有传递情感的信息？你被允许发脾气吗？
- 回想一件令你愤怒的童年事件——一件你成年后仍在思考的事情。回顾这件事会让你再次感受当时的情绪吗？如果是的话，请找一个安静的地方待上一会儿。闭上眼睛，做几次深呼吸，然后慢慢体验那种感觉。允许自己去感受悲伤、怨恨、恐惧或愤怒。让这种感觉顺其自然，不需要去修正它，或把它推开，或从中抽离。当你完成时，请记录下你允许自己沉浸在情绪中的经历和感受。

当我们压抑自己的情绪到一定程度时，它们会从身体里逃逸出来——而且通常以某种不健康的方式，从而导致我们的行为反应与事件不一致。比如，孩子或许只是打翻了一杯牛奶，却被你劈头盖脸地狠狠批评。作为母亲，你可能感到有怨气和不被尊重，你可能感到筋疲力尽，因为所有的育儿任务和家务几乎都落在了你的肩上。这杯打翻的牛奶只是压垮你的最后一根稻草。直到你开始发现自己的真实感受，你才能在表达和管理情绪的方式上做出积极的改变。

以下是一些帮助你学会以健康的方式识别和表达情绪的方法：

· 记录你的情绪和相关的诱因（例如，每次我的孩子忽视我，我就会生气）。

· 与朋友、爱人或专业人士谈论你的感受。

· 如果你在记录或谈论你的感受时被触发了情绪，请注意，先停下来，深呼吸，休息一会儿。感受自己的情绪是有益的，通过这样的练习，一旦情绪出现，你就会立刻察觉。

· 提醒自己，一旦你的想法被固化，就会成为你的信条（例如，你觉得自己的孩子性格暴躁，那么每次孩子生气，你就会将之作为证据）。

· 请记住，情绪是短暂的——它们不会永远持续，悲伤和快乐都不会。

· 从最不具威胁性的情绪开始（例如，悲伤或沮丧的情绪相对没有生气那么激烈）。

管理你的情绪需要练习。要学会拉伸和舒展你的情感“肌肉”，让自己每天都有机会停下来问问自己：我此刻的感受是什么？

实现内心的平静

虽然发现引发过激反应的隐藏情绪很重要，但学会在情绪濒临失控的当下让自己平静下来也很重要。说起来容易做起来难。让自己平静下来是一项需要反复练习的技能。如何在生活中创造一种平静的状态，在书和互联网上都能找到许多有益的建议，但真正适用的方法应该是因人而异的。你要做的是找到适合自己的方法，同时，应该明白内心的平静来自你的意愿以及相应的思维练习。

你会发现，在停顿片刻之后，让自己平静下来会更容易。这种停顿给了你空间来舒缓自己受到过度刺激的神经系统。

下面这些镇定技巧或许对你有益：

· 尝试停顿片刻。停顿会在触发你情绪的事件和你的情绪反应之间创造一个空间。

· 做 3 次平静的深呼吸——用鼻子吸气，用嘴呼气。每次呼吸时，心里默数几个数字。

· 继续慢慢地吸气和呼气，直到你注意到自己的身体和大脑开始放松下来。这将有助于镇定你的交感神经系统，减少肾上腺素和皮质醇的释放。

· 做一些体力活动，这样有助于减少体内“战斗或逃跑”的肾上腺素的分泌。

· 日常生活中多做一些令你平静的运动，例如散步、跑步、瑜伽或冥想。

通过将平静融入日常生活，你的身体和大脑将开始学习适应新的状态，身心都将以一种平静的方式存在，而不再停留在持续不断的过激反应循环中。每天有意识地为自己创造平静的时刻——散步、冥想、深呼吸或者泡澡，都能帮助你让自己平静下来。

记住，首先要意识到自己的情绪被触发时的感受，是害怕、生气还是沮丧？然后承认这种感受。当父母生气并且没有做出停顿行为，也没有意识到自己的愤怒时，他们会忽视这种情绪甚至会否认。父母迅速做出的反应通常是责怪孩子让他们生气。我们经常在没有意识到自己感受的情况下就做出反应。如果不能意识到自己的情绪，并感觉它、承认它，就试图让这些情绪消失几乎是不可能的。哈尔·朗克尔认为，如果能尝试在刺激和反应之间制造出一次停顿，让自己冷静下来，那么当“零吼叫”父母是完全有可能的。从本能反应转化为有意识的回应，这种改变将对你和你的孩子大有裨益！当你的孩子请求你冷静下来的时候，这其实正是他们需要你做的。

检查你的想法，检查你的行为

我们的思想帮助我们创造现实。俗话说得好：“勤于学，善于思，敏于行。”想法和观念就像我们观察孩子的一个镜头。事实上，我们对孩子的认知可能是真实的，也可能不是。我们的行动却正是基于我们对孩子的这些认知。

> **只有全新的思想才能带来完全不同的认知。**
>
> ——迈克尔·尼尔《由内而外的革命》

每一天，每一刻，作为父母，你都有机会选择一种不同的想法，这种想法会改变你对孩子的认知。与其想当然地认为自己的孩子思想固执、目中无人，不如先停下来让自己冷静下来，思考一下，你的孩子是否坚韧，是否有目标。如果他们坚定地追求想要的东西，那么他们的性格还不错。只要他们在年少时能学会恰当地掌控自己的意志力，一旦他们成年，这将毫无疑问地成为他们的优点。如果你能冷静而充满爱心地引导他们，相信他们是能够掌握这种技能的。

作为孩子的老师，你平静的举止比情绪化的反应更有力量。正如前文所说，父母是孩子的榜样，孩子一直看着你并向你学习。他们会观察你如何处理自己的情绪——是冷静、清晰地表达情绪，还是容易生气？当有情绪波动时，你是有同情心的还是爱批评人的？你的孩子会从他们和你相处的经验中学习。哪怕你告诉他们“照我说的去做”“不要这样做”也没有用，因为这是一种无效的教育方式。孩子是聪明的，他们能看懂你的日常行为。

当你教孩子表达和管理情绪时，使用的词汇是很重要的。比如，一个孩子哭了起来，她的妈妈很沮丧地说：“别哭了。小宝宝才哭！你现在已经是个大女孩了。”这个小女孩学到了什么？她能明白的大概就是她妈妈不允许她哭，或者她很差劲，因为她无法控制自己的情绪。她也可能听父母说过自己太敏感，需要坚强起来。

现在想象一下，如果这个小女孩的妈妈做出不同的反应（比如：“苏菲不想和你玩，所以你看起来很难过。你想跟我谈谈吗？”），又会有什么结果？

日常练习

- 当你反思你和孩子的关系时，你有什么感觉？
- 你能确认你的亲子关系模式吗？它属于哪种类型？
- 亲子关系模式如何影响你和你的孩子？请选择一个场景（例如，你的孩子开始哭了，你是如何处理的），并探索如何将现有模式转变成更积极的模式。
- 寻找亲子关系中可能对孩子产生负面影响的模式和习惯。
- 思考你在亲子关系中通常采取的方式，以及这种方式对你孩子的影响。
- 思考与孩子建立健康关系的新方法。

帮助孩子管理情绪

当孩子觉得和你交流顺畅时，他们会更愿意向你学习。通过交流，你有机会建立一套健康的情绪管理方式。同时你也有机会教孩子如何进行自我管理。研究表明，当父母能更大范围地接受孩子的各种情绪时，孩子会更好地认识和管理自己的情绪。同时，孩子们更能接受并爱自己。

孩子小小的身体里蕴含了丰富的感情，而且他们表达情感的方式是十分自然的——除非父母刻意教他们不要这样做。婴儿的哭声就是他们的情感语言。他们会自然地表达自己的感受。如果你愿意花上一些时间和蹒跚学步的孩子待在一起，你会发现他们会因为日常简单的快乐而快乐，比如看着空中的泡泡，做鬼脸，追着从他们身边飞过的蝴蝶，但他们也会很轻易就变得沮丧，甚至哭泣。这些走路都不太稳当的孩子，却能很充分地表达自己的兴奋和烦恼。他们的笑声有着强大的感染力，同时他们表达不安的方式也令人难忘。

作为父母，我们要尽自己所能来维持家庭的“和平”。然而，为了这个目标，有时难免会压抑孩子的情绪，甚至我们自己都没有意识到这一点。我们告诉孩子在愤怒的时候不要哭、不要抱怨、不要扔玩具，我们试图分散他们的注意力或惩罚他们，但是一两岁的小小孩恰恰是通过他们的行为来和他人进行交流的。他们还没有发展出处理自己情绪的能力。指望孩子“别哭了”是不现实的，而且这样做无异于火上浇油。

父母教给孩子的重要一课就是如何对待自己的情绪。孩子理解和表达情感的能力因人而异。也许同一个家庭的两个孩子，一个总是从容有度，而另一个则激动易怒。造成这种差异的部分原因是孩子与生俱来的性情。因此，辨别孩子究竟是无法控制自己的情绪，还是故意以他们可控的方式来表达情绪，对父母来说是一项重要而且并不容易的任务。

父母可能很快就会认定孩子发脾气是为了得到他们想要的东西，而事实很可能是，孩子根本没有办法让自己平静下来。平心而论，成年人有时也无法控制自己的脾气。也许，他们像孩子一样，没有被倾听或被理解。也许，这些成年人很有可能成长于情感交流匮乏的冷漠家庭，唯一学到的只是打骂教育。

孩子哭泣的时候，很多父母会让他们回自己的房间，这样或许会让他们停止哭泣，但在孩子平静下来后，如果父母不帮助他们处理情绪问题，他们仍然没法学会表达和控制情绪。孩子们唯一明白的是他们感觉不好受。同样，在孩子发脾气或哭泣时忽视他们也是如此。当然，父母都不想让孩子发脾气，但是请告诉他们“如果你需要我，我就在这里”（给他们一个拥抱，或者表达与他们沟通的意愿），让孩子知道他们的痛苦父母知道。通过父母的意愿，让孩子去感受自己的感受，就是在帮助他们解决情绪问题，而不是把问题掩盖起来。如果我们都学会了感受和治愈自己的情绪问题，你能想象世界会变得多么不同吗？

你是否曾试想过你孩子的感受？他们情绪爆发时，歇斯底里的表象之下，究竟深藏着什么呢？大多数情况下，孩子在情绪激动时都无法表达自己的真实感受，但在夜晚安静的时候，他们可能会反思这些情绪给他们带来的感受。我 9 岁的孙女也是一位小诗人，她分享了自己对情绪的看法，以及孩子们想让父母知道什么——她提醒我们，对孩子，当然对父母来说也一样，情绪其实混乱和令人困惑的。

悲伤之歌

一切都是忧郁之蓝。

始终下陷无法自拔。

你的心已千疮百孔。

下坠，下坠，不断下坠，

你掉入浓黑的深洞。

如此不幸，

如此悲伤。

狂怒之歌

生气时，你的脸通红。

你相信生气能解决问题。

所有的粉色和黄色都变成了黑色和红色。

心灵之烛光，熄灭了。

你深陷其中，

却并未意识到。

因为头脑里充斥着尖叫。

这就是狂怒。

孩子的感受

我们时常感到悲伤、疯狂、快乐、兴奋、愤怒、害怕和惊讶。然而，我们的父母并不能随时了解我们的感受。这又会让我们的感觉悄悄发生变化。如果说悲伤的感觉像一种颜色，那就是蓝色。作为孩子，当我们感到悲伤的时候，难过和疯狂夹杂在一起扑面而来。有时我们很悲伤，我们不说话，看起来却像是很疯狂。我们感到孤独……好像自己孤零零一人留在世间。我们需要帮助。心好像在不断下坠，却有口难言。有时我们会发怒，身体就像一团火。我们觉得受了伤，被掏空。但其实每当我们发怒，只是伤害自己而已。

当我们感到快乐的时候，我们身边就像都围绕着气球。有时为了快乐，却惹出麻烦。比如我们看起来太过兴奋，其实我们只是比快乐更快乐而已。生气也是如此，再多一点点就变成了抓狂。

当感到害怕的时候，我们也会感到悲伤。我们有自己的感情，从而改变整个世界。

——奥利弗

当父母用健康的方式来调整情绪，就是给孩子树立了最好的榜样，教会孩子如何接受自己所经历的一切并调节自己的情绪。他们将终生铭记这宝贵的一课。这里有一些简单的方法来帮助我们教育孩子：

· 让孩子知道，在家里，一切情绪都是可以被接受的。

· 承认孩子的感受，同时也给他们设定一个范围。

· 解决孩子未被满足的需求和潜在的情感需要。

· 记住，愤怒其实是悲伤、恐惧或受害的伪装。

· 如果可能的话，尽量不要说“不”。

· 不要从自己的角度去解释孩子的行为，也不要为自己辩护。

日常练习

- 对你来说，允许和接纳孩子闹情绪是否是件难事？
- 有没有什么情绪是你尤其难以接受的？如果有，为什么？
- 你如何回应孩子的情绪？
- 你是否注意到，自己的反应是如何影响到孩子的情绪管理能力的？
- 读完本章之后，你打算……

第八章

“管教”不是禁忌词

我们到底从哪儿得到这样一个几近疯狂的想法：为了让孩子变得更好，首先得让他们感到更糟？想想自己最近一次受到的羞辱和不公平对待，之后，你感受到相处的融洽并变得更好了吗？

——简·尼尔森《正面管教》

大多数母亲都明白管教的重要性，并认为管教是父母的当尽之责。但怎样将管教融入日常的育儿生活，引导孩子成为敢担当、有爱心的人，让很多人苦恼而不知所措。在弄清楚“怎样管教”这个问题之前，我想要申明一点：任何被冠以惩罚性和伤害性字眼的“管教”都不是真正意义上的“管教”。大家普遍认为，“管教”似乎被赋予了负面含义。一些父母将“管教”视为约束孩子的手段，还有一些父母认为：“我的父亲（或母亲）严厉到近乎苛刻，我不想在我的家庭复制他（她）的行为。”丹尼尔·西格尔医生指出管教的英文词“discipline”词源是“disciple”，意思是学生、学习者，因此，管教即教导。作为父母，我们应该做的是教导、引导孩子步入敢于担当的成人阶段，尊重他们成为独一无二的个体。然而，在这个过程中，你的教导方法对孩子而言可能是鼓励也可能是挫败。

章节概览

管教已含有消极的意义，人们经常将它与惩罚或试图控制孩子的行为相混淆。很多时候，妈妈们会使用最消极的手段来操纵和控制孩子的行为。但孩子也会本能地反抗妈妈的控制，就像成年人也会抵抗他人控制一样。有些孩子可能会顺从，但这种顺从只是暂时的。当孩子再次反抗时，妈妈又会回到最初的阶段——失望、沮丧。这种情况会一直循环反复，直到妈妈们开始思考为什么她们的管教方法行不通。一旦她们认识到问题所在，发现真正有助于改善孩子行为的方式，她们才会换种方法管教孩子。通过转换视角思考，妈妈们开始意识到，原来还有别的方式，一种更好的方式来教导自己的孩子。

什么是管教，什么不是

所以什么是“管教”？怎样“管教”孩子呢？首先，时刻提醒自己，孩子的行为并不代表孩子本身。《失控：孩子不听管教怎么办》的作者沙法丽·萨巴瑞博士说道："如果和孩子相处时，我们始终坚信管教是作为父母最重要的职责，那么我们就已经假定孩子天生就是不守规矩的，因而必须受到管教。"继而，我们就会很自然地认为我们的任务就是要确保孩子按规矩行事。久而久之，这种观点就会在头脑中根深蒂固，让父母们认为其职责就是保证孩子在掌控之下。为了达到这个目的，他们必须采用系统的管教策略。于是，父母们试图通过一系列的要求、威胁、惩罚和奖励作为日常"武器"来纠正、控制孩子的行为。我有意使用"武器"这个词，因为父母经常会认为自己是在和孩子"斗争"，而孩子试图从中获得权利。我无数次听到父母如是说："好吧，我赢了那场战斗，希望我同样能赢得这一场。"他们指的正是和孩子之间的权利斗争。

要求、威胁、惩罚和奖励循环往复，孩子愈发强烈地反抗父母的控制，父母则认为必须加大控制力度。你可以继续使用"最佳"管教策略，而你的孩子仍然会挑战你的极限。

然而，如果我们用"教导"这个词来替换"管教"，将会怎样帮助父母转移对"管教"的关注呢？父母是否会认为没有必要再控制孩子的行为？毕竟，究竟是谁的行为出现了问题？你可以给孩子设定这样那样的限制，告诉他们要为自己的行为负责，同样，你也可以在孩子身边沉着冷静地引导他们，让孩子更了解自己，也让你更懂得怎样与他们相处。整个过程的关键是引导，而不是控制。

管教是父母对孩子"悉心养育"不可或缺的一个环节，既不能急于求成，也不能以一概全，因为每个孩子的具体情况都各不相同。这样一来，管教也就成了一个漫长的过程，需要经历接受、建立联结、引导各个阶段。

前面我们已经讨论过，作为母亲，在管教过程中同样会表现出某些特定行为（比如作为父母的焦虑、回应孩子的行为以及对孩子的期望，等等）。有些母亲因为自身的改变而期望自己的孩子也能立马改善行为，若期望落空，她们就会再次诉诸控制手段监管孩子的行为。一旦能够转换角度思考，她们就会意识到原来还有别的办法，而且是更好的办法来管教她们的孩子。管教的方式确实有很多种，但在我们开始讨论这些方法策略之前，我想谈谈为什么很多孩子都会有让妈妈抓狂的行为。

妈妈们应该花点时间想想，孩子有这些行为是有原因的。你可能注意到，孩子总在一天的某些特定时段表现得急躁易怒，有可能是他们饿了或者累了。所以，他们情绪爆发并不是偶然的事件。

但是对于另外一些孩子，行为的导火索就很隐秘，没那么明显，尤其是那些经常闹脾气的孩子。我也遇到过一些妈妈，她们实在是对孩子的行为百思不得其解。她们常说，孩子的脾气说变就变，根本无规律可循，也找不出原因。我向她们保证，也向你们保证，这其中肯定是有原因的，只是不明显而已。孩子的这些行为背后，可能会有另外的情绪，需要你们去安抚。如果孩子在家里不受重视，他们会采取措施来引起你们的注意。因为一旦觉得自己不受重视，他们就会感到无助。有些孩子生性敏感，任何生活琐事都可能让他们感到挫败。如果父母愿意研究并更好地理解孩子的行为，你们一定会挖掘到根由，从而意识到之前的处理方法只能让问题更加严重。

在帮助父母完成“探寻 – 发现”过程以便更好地理解孩子的行为之前，

我建议父母首先审视一下自己的行为。一些父母并不认为他们的行为会直接影响到孩子的行为，所以继续把焦点放在孩子身上而不是自己身上。毕竟，在他们看来，他们向我咨询的是如何处理孩子的行为，而不是他们自己的。

我建议父母重点关注自己的行为，这种观点可能与大多数的育儿书都背道而驰。我并不是说父母的行为造成了孩子的行为问题，只是说两者之间肯定会有关联。一旦行为模式一而再，再而三地重复，你就自动成为这个模式的一部分。当你一遍又一遍地告诉孩子把鞋穿上，孩子却纹丝不动的时候，你其实是在生成这样的模式，最后你终于爆发了，冲着孩子大声吼叫，这时你其实正在加固这个模式。

如果你总是把焦点放在孩子的行为上，并加以控制，你就不能帮助他们成长，反而会让问题恶化。如果你能转变自己的方法，问问自己下面的三个问题，孩子的行为会发生什么样的变化呢？

为什么我的孩子会有这样的行为？

这个时候我应该给他上一堂什么课？

我怎样能把这堂课上到最好？

以上三个问题足以让你转变管教（教导）孩子、与孩子相处的方式。

管教这门艺术（管教是一门艺术而不是一门科学）常与惩罚相混淆。尽管大多数父母都认同应该教导孩子怎样处事，但怎样教导似乎还是一个难题。

我认为，在管教这个过程中，建立联结和加以引导这两个环节通常都被遗漏了。为了好好管教，确保孩子能听从管教，父母经常诉诸控制手段。父母担心如果不管教孩子，孩子就会有不良行为，特别是那些喜欢挑战父母极限的孩子。一旦孩子出现不良行为，一些父母就会加大管教的力度，更加严格地控制孩子的行为。这样做，只会让孩子更加反感从而反抗父母。记住：没有人喜欢被控制。萨巴瑞博士说道："当父母对孩子施压时，孩子的反抗，或者好一点的情况，半听半从，会让父母觉得有必要加大控制的力度，他们认为越是严厉，孩子越会顺从。正是这种抗拒成了孩子情感上的缺口，阻碍了他们的学习、成长，更严重的是影响了孩子与父母之间的情感联结。"即便是最善意的父母也会不自觉地对孩子施加控制，父母也会常常为此感到羞愧。当然是无意的羞愧，但不管怎样，它终究是羞愧。

孩子犯错了，先别急着训斥，先停下来想想，问问自己，你希望得到什么样的结果？你更关心孩子的即时行为还是希望他们能从自己的行为中学到什么？你觉得有必要阻止这种行为来平息自己作为父母的焦虑，还是希望利用这个时机教导他们，以便将来他们能自己管理自己的行为？这个时候，你很可能无法两者兼得。想象一下，如果你觉得没必要阻止孩子的行为，不会紧张到一有征兆，你就想把孩子的不良行为扼杀在摇篮里，育儿这件事是不是就会简单很多呢？相反，如果你能鼓励孩子自行选择怎样做，会有什么样的结果呢？你是否通过和孩子建立联结并加以引导的方式来解决问题呢？你是否让他们自己承担了选择的后果呢？从长远来看，相比于阻止孩子的错误行为，和孩子建立联结并加以引导的方式重要得多。

日常练习

- 你的父母是严厉的还是宽容的？身为人父或人母的你更想复制自己父母的育儿方式，还是采取不同的方式？为什么？
- 试图在“严厉”的父母和“宽容”的父母之间取得平衡不是一件容易的事，需要有意识地下功夫。多数情况下你是怎么育儿的？
- 如果你是比现在更为严厉的或者控制欲更强的家长，你的教育方式会怎样影响你的孩子？你的孩子会从中受益吗？
- 如果你能放下自己的控制欲，孩子会怎样改变自己的行为？
- 如果你更宽容一些，你的教育方式会怎样影响孩子的行为？是积极影响还是消极影响？

管教（教导）孩子的益处

你是否是以允许、鼓励孩子学会自我负责的方式教导孩子呢？尽管基本理解了自己作为一名“导师”的角色，但你可能会发现自己的注意力会更多地放在孩子的不良行为上。你也可能专注于为孩子的行为寻找最恰当的惩罚，尤其是当你感到失望、沮丧、怒不可遏的时候。经常有家长问我，既然目前他们使用的各种管教方法都不奏效，那么还有其他策略吗？当你的孩子拒绝睡觉，在一个小时内倒腾姐姐的洋娃娃5次，或者当着你的面摔门而去时，你真的很难想出该怎么办。这个时候，你的焦点和目标很可能就是立即阻止孩子的行为。但如果你开始转移注意力会有什么结果呢？不要专注于让孩子改善行为，而是更多地关注你想要孩子从中学到什么。

最近，我和一位 10 岁男孩的父亲谈话。这位父亲和他的孩子似乎陷入了无休止的权利斗争之中。父亲越是试图阻止儿子的行为，儿子就越发抵抗。与这对父子进行了几轮谈话之后，我问这位父亲他育儿的大致目标是什么。他很快回答：“我的目标就是我儿子能听我的话。我让他干什么他就干什么，不让他干什么他就不干什么。”

这位父亲的养育目标在父母中非常普遍，但同时也很不科学。孩子在这个过程中学到了什么呢？他学到了只要自己不听话父亲就会恼怒，也学到了如果父亲再三警告终于忍不住发火之后，他就要听父亲的话，哪怕内心有一千个不愿意。然而怎么自行做决定并为自己的决定负责，恰恰是他没有学到的。同样，他也没有学会当父亲不在身边时该怎样独立思考。父亲当然希望儿子在外面也能表现好，但如果他不在儿子身边，不看着儿子，他怎么能确保儿子好好表现呢？他无法保证。

然而，如果父亲能在家鼓励儿子为自己的行为做出正确的选择，那么即使父亲不在身边，儿子也很可能会这样做。父亲和儿子之间缺失的是联结彼此的纽带，父亲也缺少机会教给孩子一些技能。

作为孩子的妈妈，你身兼数职——是养育者、倡导者也是看护人。你也想成为有趣且像朋友一样的妈妈，不是吗？只要你对孩子的引导一方面培养、维护了和孩子之间的情感纽带，另一方面又给孩子的行为设置了

"黄线"，你就可以做到。并且，如果你做到了这点，你的孩子将学会为自己做出负责任的选择，成为一个批判性的思考者和问题解决者。最重要的是，他们将学会尊重自己，因为他们已经学会自己做决定。

严厉的管教（惩罚性管教）会带来恐惧，孩子接收到的负面信息就是"我是个坏孩子，一点儿用也没有"。他们不会从错误中吸取教训，通常只是学着用自己的表现取悦你，这样就可以避免相应的惩罚，但他们从来不会自主学习。你真正想要孩子学会的是自律，学会即使你不在身边，他们也能够管理自己的行为，自己做决定。

父母管教孩子最大的益处之一就是让孩子学会自律。自律就像是帮助孩子飞翔的翅膀，让孩子即使离开了你的怀抱，也能顺利度过一生。再次强调，管教或者建立管教模式的关键在于和孩子建立爱的纽带。正面管教能够帮助孩子建立自尊、改善行为。

管教（教导）的作用

当我们无法设定界限并让人承担责任时，我们会感到自己被利用、被不公正地对待，这也是为什么我们有时候会主动攻击。而这种伤害，远大于规范行动或做出选择。

——布琳·布朗《脆弱的力量》

当你更专注于为孩子提供指导而不是约束他们的行为，专心于怎样和孩子建立联结而不是惩罚他们时，管教就会起作用。一旦孩子感受到和父母的联结，他们会更倾向于尊重父母、倾听父母。管教模式是很重要，但你不能建立一个不可能实施的死板模式。记住，既然你不想成为家里的“军事教官”，也不想表现得软弱无能，就不要因为压力而轻易命令或者屈服。努力让自己成为冷静沉着的家长，多注意自己的行为，不要总是专注于孩子的行为。

当你弄清楚自己的期望时，管教就会起作用。模糊的期望只会让你感到困惑。当你期望孩子成为好孩子时，那就应该告诉他们，怎样才称得上是“好孩子”。要把对孩子的要求表达清楚，比如，告诉孩子“去超市要牵住我的手”。尽量制定清晰明了的规则，但是切忌太多。太多的规则会给孩子和父母都带来困惑。如果孩子感觉有太多的规则束缚自己，他们就会反抗。因此，将规则简单化：安全第一，自己负责，遵守家规。

当你认可适当的行为而不是专注于不良行为时，管教就会起作用。“抓住他们的优点”是心理咨询过程中经常用到的一句话。我们都希望自己的努力能得到认可和奖励，但我所说的“奖励”不是指买一个玩具或者最新款的小玩意儿。我建议父母不要把孩子培养成“贪婪的怪物”，即只有在奖励面前，孩子才会选择行为得体。不要什么事情都奖励，你需要让孩子认识到他们是家庭的重要组成部分，应该通过帮忙打理家务等为家庭做出贡献。也不要总是用奖励控制孩子的行为，因为生活本就不会给人持续的奖励。

沟通顺畅，管教就会起作用。不要陷入争论的局面，如果眼看孩子就要和你争论，你可以说“我知道”或者“我理解”来承认孩子的话语和感受。

承认并不意味着你必须同意他们的观点。和孩子讲话的时候，时刻提醒自己“少即多”，你说得越少，你的信息越有力。承认他们的感受之后，回到正事，可以说：“我知道你很生气，所以你打了麦克斯，因为他弄坏了你最心爱的玩具，但是记住，打他总归是不对的，你应该为这个行为向他道歉。”还有一点很重要，帮助孩子想想办法，下一次用更积极的方式处理问题。

当孩子能够依赖你，知道你值得期待的时候，管教就会起作用。务必保持言行一致，就像哈尔·朗克尔建议的那样，哪怕强行保持一致也行。保持言行一致，同样适用于你制定的规则和你所做出的承诺。言出必行，行之必果。否则，你在孩子心中的信誉很容易就会崩塌。孩子需要知道他们能够信任你，才会执行你制定的一系列规则。管教模式帮助你的孩子建立安全感。

当你能为孩子树立一个好榜样时，管教就会起作用。孩子会在模仿他人的过程中学习，因此，想要孩子模仿什么，一定要小心谨慎。时刻牢记，你不能当着孩子的面骂人却指望孩子永远不会骂人。同样，你不能允许自己说一些刻薄的话，而孩子一旦说出同样刻薄的话反对你的时候，你就感到失望、沮丧。

最重要的是，当你珍视和孩子之间的爱和联结，而不是仅仅尝试纠正他们的行为时，管教就会起作用。

“可以”“不行”还是“或许可以”

我接触过很多父母，他们讨厌对孩子说“不”。他们完全理解说“不”

的重要性却害怕孩子听到这个词之后情绪爆发。父母说“不”的时候，有些孩子会马上崩溃——多吃一块饼干？不！一整个下午的玩耍时间？不！买一个新玩具？不！（尤其是在玩具店里，新玩具仿佛长了眼睛一样直勾勾地盯着孩子们。）大多数孩子就是不想听到“不”这个字。有些孩子的反应会比其他人更强烈。如果你的孩子讨厌“不”，你是不是在使用这个词时感到提心吊胆？你是不是迟迟无法把“不”说出口，甚至最后到了嘴边成了“或许可以”？你是不是在说“不”的同时已经做好心理防护的准备？也许你不得不全副武装来保护自己的情感。有时候父母不得不对孩子说“不”，别无他法。

然而，对于说“不”，还有其他方法——能够鼓励开放式交流的方法。如果你说：“不，你不能去杰克家，因为我已经告诉你我们要去商场了。所以，现在请你不要再抱怨了。”这样的表达方式只会加剧孩子的沮丧和愤怒。“不”还是“不”，但如果带上同理心来说，孩子会更愿意倾听。下次或许可以尝试这样说：“我知道没法和杰克玩让你感到很沮丧，但现在不是时候。我们可以另外找个好的时间，给杰克的妈妈打电话。”我提醒过父母们要多说“可以”，但必要的时候也不要害怕说“不”。

当你对孩子说“可以”“不”或者“或许可以”的时候，你是认真的吗？与你的实际行动一致吗？这些词是否已经失去本身的意义？或许你说了“不”，但孩子随后情绪崩溃，你也疲惫不堪，于是你屈服了，答应了，改口说“可以”。也可能，尽管你没有说出“可以”这个词，但你的行动已经表明“可以”，比如，你可能会说：“行吧，就这样吧，我不在乎！”请记住，孩子对于他们想要的东西是无比执着的，他们不会轻易放弃。所以，请不要让他们认为，一旦消磨掉了你的斗志，你就会让步说“可以”。如果你做不到言行一致，为什么认为你的孩子可以做到？当孩子已经第三次错过了宵禁，你自己都迫于压力甘愿屈服，为什么你的孩子还要在意宵禁的规定？孩子每天都会挑战你，挑战你所做出的承诺，尽管他们最终都希望你不会屈服于他们的挑战。

一些父母说“可以”只是为了维持和平。有些妈妈觉得在生活中对别人说“不”是困难的事，她们同样也会认为对孩子说“不”很难。为了取悦别人，她们不断地说“可以”；为了效仿其他父母，迎合孩子的期望，她们不断地说“可以”。孩子总是想要他们没有的东西，比如最新款的小玩意儿、手机、新奇的电子设备或者朋友拥有的任何东西。当父母屈服于孩子的要求，同时又为自己的决定感到不安时，他们很可能与自己的信念不一致。你说“可以”的时候要确保自己是认真的。如果你告诉女儿可以带着她去购物，同时你还在为她昨晚的行为而生气，那么你说的“可以”就会带有负能量。与其心怀不满地和女儿去购物，不如先把问题解决。

只有你知道自己说“可以”或“不”的真实意图，你才会更加自信地说出来。当孩子让你精疲力竭的时候，不要含糊地敷衍他们，这样的话，随着时间的推移，他们会学着接受并相信你的回答。武断地说“不”只会让你的孩子感到困惑。对孩子期待领养小狗的愿望说“可以”（其实你并不想领养这个小狗，迫于压力只好屈服），最后只会让你沮丧，尤其是当你指望孩子独自照顾好这只小狗时。是的，孩子的确承诺自己会照顾小狗，但如果不和孩子认真交流照顾小狗的重要性，以及告知孩子不照顾小狗的后果，你会发现，照顾小狗的任务最终落在了你自己的身上。或许你说的“可以”和现实并不相符，你这样说只是为了让孩子高兴，或者仅仅为了维持表面上的和平。

说“不”也是同样的道理。当你说“不”的时候要确保这么做是因为它符合父母言行一致的品格。不然的话，要是孩子继续缠着你，试图让你改变主意，你可能会后悔。我碰到过很多孩子，他们告诉我说当他们的父母说“不”的时候，他们知道父母并不是当真的。如果父母都不能坚信自己说的“不”，孩子又怎么会相信呢？最近我在餐厅里无意间听到一个十几岁的孩子和她的朋友聊天，他们计划举办一场聚会。那个孩子抱怨说父母可能不会让她去参加聚会，可是她后来又向朋友保证她一定会去。因为她说她的父母总会在最后一刻妥协让步，改变之前的主意。“我可以拒绝和他们说话，然后他们就会妥协的，这一招每次都会奏效。”我暗自希望我能让这个女孩的父母知道这个秘密（尽管他们可能知道，但是因为疲惫不堪，只能让步）。

尽管父母说“或许可以”并不能保证最终的“可以”，但大多数孩子仍然充满希望，以至于他们常常将“或许可以”等同于“可以”。对此，我的建议是，尽量少用“或许可以”这个词，千万不要把它当作延迟或委婉的“不”。不管说“可以”还是“不”，都要自信地说出来，因为这个决定是基于你的实际情况做出的。这样，你实际上就向孩子传递了自己一诺千金的信息，即使他们不满你的决定，他们也会慢慢相信你说到做到。不管他们有多想让你疲惫不堪，你设定规则的能力会让他们感到安全、放心。

孩子知道可以完全信任你。孩子如何回应你完全取决于他们自己。再次强调，你不能也不应该尝试控制他们的行为，但他们的行为会产生什么样的后果你是有权决定的。

去情绪化管教

不产生戏剧性结果的管教？是的，这是有可能的。医学博士丹尼尔·西格尔和蒂娜·佩恩·布赖森博士合著的书籍《去情绪化管教》提到了这一思想，其前提是要通过建立联结和重新定向来管教。当你对孩子的行为快速做出反应时，你是没有时间和孩子建立联结的。我们已经讨论过，联结是你和孩子关系中的重要组成部分，它和孩子的行为息息相关。如果孩子从一开始就感受到了和你之间的联结，他们配合你的可能性会更大。而你的威胁、惩罚，以及过激反应（出于你的愤怒）只会让你和孩子更加疏远，同时孩子的行为以及你们之间的关系也会因此恶化。如果你说："不要踢妹妹……算了吧……你已经玩整整一周的电子游戏了！"你就会加剧孩子的挫败感和怒火，促使他们又一次强烈反抗。而你自己由于沮丧、愤怒，会用另一种惩罚（通常比第一次更严厉）来对付孩子，这样的循环会一直持续下去。你的孩子又从中学到了什么呢？这种管教方式产生的戏剧性结果出于你自己的反应（大喊大叫、打骂、跺脚或与孩子行为无关的其他反应）和孩子的反应（更加大声地喊叫、打人、摔门）。

我们通过不同的方式和孩子建立联结。当孩子开心、舒畅、听话的时候，建立联结的可能性更大。你面临的挑战是，当你想要逃避或者想要把他们赶出家门的时候，还要继续和他们建立联结。上一次你想把孩子推开是什么时候？或许是他们冲你大发脾气、激烈反抗的时候，或许是你对他们说"不"却不得不在公共场合强忍内心的崩溃的时候。很有可能他们在情感上不知所措，继而将愤怒的矛头指向你。而你的第一反应可能就是让他们行为得体，试着阻止他们做出过分的行为。在这种关系紧张的时刻，你需要停下来，仔细观察他们的行为并和他们建立联结。只有你冷静、警觉，有意识地停下来，集中自己的注意力，你才有可能和孩子建立联结。然后你就能够倾听孩子，尊重孩子，和孩子沟通交流。尽管你可能不理解也不认同孩子的行为和情绪，但这样做也会让你稍微能够接受他们一些。联结就是在这种时候建立起来的。

我们既可以满足孩子对联结的需求，也可以花时间应对孩子在需求未得到满足时所表现的行为。不论哪种方式，我们都得花时间。

——帕姆·利奥《亲子关系》

建立联结并不阻碍父母给孩子的行为设立界限和范围，事实上，前者常常需要后者。你还是会让孩子为行为负责，但不同的是你会抱着理解孩子、和孩子建立联结的心态。当你能够理解孩子，站在孩子的立场思考（通过承认孩子的感受——即使你不同意他的观点）时，你就能够更好地和孩子建立联结，引导孩子重新选择更恰当的行为。你可能也有过这样的经历，当你试图和孩子交谈的时候，他还处于情绪反应的状态，这时的交流格外困难。只有你和孩子都冷静下来以后，你才能够重新引导孩子。再回到自己身上，当你的情绪处于不堪重负的状态时，你的伴侣、朋友或者同事尝试和你谈论你的行为，你的感受是怎样的？时机非常重要！请一定记住，作为人类，我们是因为建立了联结才休戚与共。我们也有一种与生俱来的被倾听、被注意的需要，只有这样，我们才会自我反省。

只要孩子做好了准备，能够听进去你的话，你想要重新引导孩子就是有可能的。正如我们讨论过的，任何行为的出现都是有原因的，通常都是因为孩子处理不好自己的情绪。所以，在试着和孩子交谈之前，问问你自己，孩子是否已经准备好，是否足够冷静来听进去你的话。如果答案是否定的，那么就需要等待。你不需要立刻解决孩子当前的行为问题，等到你和孩子都能够冷静地倾听和交谈，再让孩子知道需要解决自己的行为问题了。当你做好准备和孩子交谈时，请记住首先要和孩子建立联结，然后慢慢地重新引导他。

什么是后果

如果你在教导孩子的时候重点关注的是后果，那你就大错特错了。因为很有可能，你只是在意他们的行为。一旦孩子犯错，你随时准备给他们一个“后果”，这样，每天你都会困惑于究竟应该给孩子什么样的后果。今天看起来“完美”的后果，可能明天又不起作用了，尤其是当它和孩子的行为毫无关系或者其本质就是惩罚的时候。有时父母还处于愤怒的状态，为了让孩子从中吸取教训，根本没有认真考虑就急着给孩子一个后果——“你被禁足一个月！”（一个月？认真的吗？）有些父母觉得有必要好好教训孩子。我在家庭教育培训课程中，碰到过一些孩子，他们告诉我，比起父母的教训，他们宁愿承担后果，只因为承担后果比啰唆的教训持续的时间要短，没那么煎熬。当父母来找我咨询时，其实就说明他们已经认清一个事实：承担后果这种方法已经对孩子不起作用了。许多父母对我说：“不管我没收他们什么东西，他们都压根儿不在乎。唯一的效果就是孩子的行为更加糟糕，而我要为此付出更大代价。”承担后果这种方式，的确有力量改变孩子的行为，但取决于是什么样的后果，以及父母如何表达这个后果。

承担后果至关重要并且不可或缺。生活处处充满了因果关系，我们理应从中得到教训。如果你超速行驶就很可能收到罚单；倘若你在背后议论你的朋友，你就有可能失去友谊。

我想在这里区分一下后果和惩罚，两者是不同的概念。正是它们之间模糊的界限让父母常常摔跟头、吃大亏。如果这个后果与孩子的行为无关，并且也起不到教育孩子的作用，那么它就是惩罚。因为孩子没有洗碗，就不准他们去参加聚会，这个行为就是一种惩罚。相反，如果告诉孩子，他们洗好碗就可以去朋友家玩儿了，这就是很自然的后果。

我们在日常生活中的所作所为都有相应的后果。“后果”这个词常常会难倒父母，因为要辨别一个自然而然的后果不是一件容易的事。我向你保证，生活处处都有后果，起初可能不是很明显，但它终究是要显现出来的。有些父母似乎很纠结是不是应该让孩子经历生活中的后果，他们想让孩子免受后果的考验。让孩子经历生活中的后果是需要勇气的，也需要你自愿平复作为父母的焦虑。你是否愿意让孩子体验他们行为的后果呢？

作为父母，我们应该辨别什么时候能让孩子体验这些后果，什么时候不能，这很重要。我们不让孩子玩刀具，是因为刀具会造成严重的伤害。

可是如果孩子拒绝做家庭作业，那就随他们去吧，这样他们自然会体验到老师给他们的后果。孩子的安全固然重要，但你能一直保护孩子，不让他们在生活中冒险吗？孩子刚学骑自行车的时候，为了保证他们的安全，车上增加了辅助轮，但如果长期这样，只会阻碍他们进步，使他们无法真正学会骑自行车。你会因为担心孩子遭受痛苦而不让孩子适时冒险吗？一个十几岁的孩子由于在课堂上喝酒被抓，不能参加毕业舞会，他会从这次经历中学到宝贵的一课（如果家长不试图插手这件事）。我在工作中碰到过一些父母，对于是否让孩子经历生活的后果，他们很难抉择。这些父母之所以这么纠结是因为他们不想看到自己的孩子，才十几岁的孩子，就要遭受某些痛苦。通常我会提醒他们，如果现在不给孩子机会经历生活中的这些后果，将来他们要受的苦就会更多。

所以，在试图阻止、控制孩子的行为之前，父母可以教导孩子如何处理潜在的后果。可以和他们谈谈，问问他们如果继续这个行为，会发生什么。然后让他们自己选择如何行动，自己体会带来的后果。如果你学着让自己冷静下来，平复自己的焦虑，让孩子为行为承担责任，你就会见证自己和孩子的成长。

记住，你不干预的话，后果会自然而然地产生。你的干预会导致后果随意地产生，这种后果既显得别扭也起不到教导的作用。如果父母强加给孩子一些后果，那孩子会更加怨恨父母，还会开始隐瞒行为。你给出的后果很可能对孩子来说毫无意义。孩子打了妹妹跟他不能玩电子游戏有什么关系呢？如果孩子找不出他们的行为和后果有什么关系，他们会抗拒、怨恨，并且把注意力放在揪住你的行为漏洞而不是关注他们自己的行为：“我妈妈简直像疯了一样。她以为没收我的车一个月就教会我不顶嘴了吗？我想说什么就说什么！”

只要孩子把注意力放在你身上，时刻关心你强加在他们身上的后果，他们就不会注重自己的行为。如果你不让孩子经历后果，一心想着如何挽救他们，那你只会教导他们不为自己的行为负责。让孩子自己选择并承担后果吧。在我的“零吼叫育儿”课堂上，我们常常讨论——就让后果自己去吼叫吧！

给出后果之前，提醒自己要冷静一段时间。只有清晰、冷静的头脑才会给出适宜的后果，一时冲动是行不通的。在给出后果之前等上一段时间是完全可以的，有时候甚至需要等上一天（特别是针对大一点的孩子）。把行为和后果联系起来，别忘了表达后果的时候带上对孩子的同理心——“我知道周末不能出去玩你很沮丧，但是你选择从现在开始做季度研究报告，就不得不利用整个周末的时间。”

管教孩子的时候要时刻提醒自己：你的目标不是做完美的父母，也不是培养完美的孩子。总有一天你会感觉自己已经掌握育儿这门艺术，孩子也终究会把你从父母的宝座上拉下来，提醒你，你是一个普通人。当这一天到来的时候，停下脚步，深呼吸，重新找到真正的自己。再问问自己，作为父母，你的目标是什么。做错了就大胆地承认，做对了就应该欢呼雀跃，孩子一定会欣赏你的真实。管教是需要练习的，而且最好是在你和孩子都心平气和的时候练习，如果双方都处于情绪激动的状态，练习是没有用的。建立联结和设立界限这两项练习都应该是日常活动，不要等到你失望透顶、火冒三丈的时候才想起来要练习一下。

从现在开始，透过孩子的行为看本质，不要拘泥于使用什么行为策略来解决问题。把行为问题看作孩子和你获得成长的大好机会，好好利用这些机会，把它们当作教学工具。给孩子犯错的自由，让他们从中得到教训，我们大人不也希望有第二次机会吗？我们都希望可以利用第二次机会把事情做对。孩子会感谢你愿意给他们机会再试一次，他们就是这样成长起来的。孩子总是会珍惜当下，活在当下，因此他们也愿意给父母第二次机会，这是我们作为父母应该向孩子学习的地方。别忘了悉心培养和孩子之间的关系，良好的关系会促进孩子改善他们的行为。

日常练习

- 你会怎么定义“后果”？为人父母后，你对“后果”的看法是否有改变?
- 你的父母把后果当作教学工具还是惩罚手段?
- 惩罚性的后果是鼓励还是阻碍你改变自己的行为?
- 你是如何让孩子体会后果的?
- 你觉得你给出的后果有用吗?如果没有，为什么?
- 你觉得什么样的后果最有用?它是如何帮助孩子的?
- 什么样的后果对孩子的学习、行为没那么有效甚至有害?
- 你会做出怎样的调整以便这些后果能够教导而不是惩罚孩子?
- 读完本章之后，你打算……

第九章

说出真相

诚实，不仅仅是不说谎，而是说真实的话，真实地说话，真实地生活，以及真实地爱。

——詹姆斯·福斯特

玛尔塔是3个孩子的母亲。有一次，她坐在我的办公室，和我谈论着她10岁的女儿和15岁的双胞胎儿子，言语间她表达了深深的担忧。她似乎对自己当母亲的能力很有信心，但她的孩子们不愿意或者不会说真话，这让她很担心。她解释说："有时候我觉得自己在培养病态的说谎者，这让我很害怕。"她还说："他们已经变得厚颜无耻，甚至可以在说谎时还直视我的眼睛。"我告诉这位焦虑的母亲，她的孩子绝不是个例，而且多年来，我也从未见过被诊断出病态说谎者的孩子。孩子撒谎，成年人也是。父母要求孩子说出真相，但他们真的准备好听到真相了吗？

章节概览

学会说谎是孩子成长过程的一部分，但他们其实也通过观察他人来学习——尤其是他们的父母。如果我们允许自己说善意的谎言，守护家庭的秘密，或者隐藏事情的真相，我们的孩子就会目睹并模仿这些行为。然而，我们也可以打破这个循环，创造一个安全的、可以接受真相的空间。最终，真相会让我们自己和我们的孩子获得自由。

了解谎言

让我们先来看看孩子为什么撒谎——原因几乎大同小异。说谎对孩子来说其实是正常现象。在孩子的脑海中，他们讲述的是他们自己版本的真相（尽管是扭曲的）。孩子这样做主要有两个原因——避免惩罚和避免让父母失望。虽然撒谎的主要原因是这两个，但孩子也通过撒谎来获得自主权或控制感。一旦他们发现撒谎可以愚弄父母和朋友，就很可能再次撒谎。我们自己也可能因为同样的原因对别人撒谎，也许是我们不想承担某个后果，也可能是为了不让别人失望。在人生的某个阶段，我们都撒过谎——很可能比我们愿意承认的次数还要多。那么，当孩子撒谎时，父母为什么会对他们如此生气呢？当我们后退一步，看清孩子的谎言是什么，放下对培养“病态撒谎者”的恐惧时，我们就能更清楚地理解隐藏在孩子谎言背后的真相。

对于确实忧虑于孩子撒谎的家长来说，可以听听专家的说法。麦吉尔大学助理教授、研究儿童说谎行为的权威专家维多利亚·塔尔瓦尔博士表示，说谎与智力有关。大多数孩子从 2 岁开始撒谎，一直到 3 岁。为了撒谎，孩子首先必须能够识别出什么是真实的，然后将真相操纵成更令人满意的场景。他们还必须有能力说服他人（通常是父母）。比如，孩子一边坚决否认自己吃了甜甜圈，一边偷偷擦去脸上的糖粉，他会试图让父母相信自己是无辜的，尤其当他对于将要受到的惩罚十分害怕时。在父母的眼里，孩子很明显在说谎，但对孩子来说，他们编造的“真相”有助于减小他们遭受不良后果的可能性。

关于是否撒谎的争论大多数时候毫无结果，但如果父母越长时间与孩子陷入争论，孩子就会越固执己见，并且继续撒谎。他们创造的故事将会拥有生命。故事越详细，你就越有可能相信它。如果你没有下定决心去了解真相，孩子那富有创造力的想象甚至会给你留下极为深刻的印象！并且孩子为了让自己口中的“真相”能够延续下去，会让这些编制出来的故事继续努力“成长”，只为能让父母最终相信自己，或者放弃不再纠缠。孩子要么成功地说服他们的父母，要么让父母疲惫不堪，而这些都只会让他们在未来更加努力地说谎——同时，父母也将更加难以听到真相。“说谎—惩罚”的链条只会使这个恶性循环更加持久。

大多数父母对于撒谎都没有什么容忍度，他们会迅速惩罚孩子，通常的做法是吼叫、说教、没收玩具、打屁股或用言语羞辱孩子。网站上甚至有一些视频，孩子身上挂着写有“我是个骗子”的牌子。可以想象，发布这些视频的父母几乎已经穷尽他们的育儿之道。对孩子撒谎的愤怒和沮丧促使父母开始公开羞辱孩子。虽然说谎不能被原谅，但没有哪个孩子应该被这样对待。

让我们扪心自问，当你的孩子告诉你一个令人不快的事实时，你会做何反应？是出于沮丧和愤怒而迅速做出反应，还是能够在此之前让自己先冷静下来？根据你的反应，你认为孩子将来是否还会倾向于告诉你真相？你鼓励或阻止孩子说实话吗？事实上，孩子可能并不知道父母会如何回应他们的谎言，但如果他们告知了真相，他们往往更害怕父母的反应。说谎至少给了他们不用说出真相的机会，同时他们也寄希望于父母永远不会发现他们在说谎。

虽然孩子说谎是正常的，但仍然应该加以重视。说谎会成为习惯。那些善意的小谎言可能会变成弥天大谎。每一个“成功”的谎言（若它们没有被识破）都会促使孩子再次撒谎。虽然父母都想教孩子说真话，但是因为孩子说谎而施以惩罚可能会促使他们说更多谎话。因为，大多数时候孩子说谎都是为了逃避惩罚。然而，父母们可以采取一些方法来帮助孩子学会说实话。

注意你对孩子的行为有什么反应——你会很快对孩子的行为感到愤怒而迅速做出反应吗？

· 如果是这样，你的反应将会增加孩子将来说谎的可能性。

· 首先要学会让自己平静下来，然后再对他们的行为做出反应。例如，给孩子设定相关限制并在必要时强制执行。

如果你已经知道答案，就不要再通过提问来促使孩子说谎。

· 当你问孩子是否刷过牙时（其实你检查了他们的牙刷，牙刷完全是干的），他们会尽全力说服你相信他们已经刷了。

· 直接告诉孩子你知道他们没有刷牙，现在该去刷牙了。

给孩子第二次机会——一个把事情做好的机会。

· 如果你没法给孩子第二次机会，就问问他们下次是否有什么不同的做法。

· 把这种情况当作一次教学机会。

接受孩子会犯错的事实，也明白他们可能会用撒谎来掩盖错误。

· 你对孩子无条件的爱和接纳会帮助他们学会为自己的错误承担责任，并从中吸取教训。

· 如果他们知道自己不会被批评，他们就不太可能撒谎或掩盖错误。

记住：你的孩子每天都在看着你。他们不仅在观察你如何处理他们的谎言，也在观察你如何处理自己的谎言。当你撒谎时，你也在教你的孩子撒谎。当你夸大事实或撒一个善意的谎言时，你正在教他们撒谎。当你的孩子听到你在电话里告诉同事或亲戚你不能参加聚会，因为你要出差了，而实际上你并没有出行计划时，他们知道撒谎是可以的。即使当你为了避免冲突而对你的兄弟姐妹撒谎，然后对孩子解释自己的行为“只是不想伤害他们的感情”时，你仍然在教孩子撒谎。当你帮孩子给老师写便条，声称孩子没有完成家庭作业是因为他们身体不舒服时（即使你知道这不是真的），你就在教孩子撒谎。你可能没有直接让孩子撒谎，但你仍然在向他们展示如何撒谎。一段时间之后，撒谎就成了习得的行为和避免冲突的方式。那些善意的小谎言往往会导致更大的谎言，而这些谎言往往又被合理化。

在责备和羞辱孩子说谎之前，也许你该先看看自己如何对待真相和谎言，问问自己，撒谎是否已经成为你处理棘手情况或避免冲突的默认模式。研究结果揭示了令人不安的事实——孩子撒谎的原因是父母教他们撒谎。塔尔瓦博士认为，孩子从父母身上学到了这一点，“我们不会明确地教他们撒谎，但他们会看到我们这么做。他们看到我们对电话推销员说，‘我只是这里的客人’，他们看到我们为了维持良好的社会关系而吹牛和说谎。”

只有当你充分意识到自己说谎时，你才会意识到自己有责任为孩子树立一个真实而正直的榜样。你可以为孩子创造一个安全的环境，一个鼓励他们承认错误并从中学习的环境，让他们学会说实话。最终你可以创造出讲真话的家庭文化。世上不乏说谎之人，这在所有的社会和文化中似乎都很普遍。那么你想教给孩子什么？你想为孩子做什么样的榜样？孩子始终在观察，而教他们讲真话无疑是父母的责任。

你希望孩子说实话，但当你说出“告诉我真相”时，你是认真的吗？不管真相如何，你准备好倾听了吗？请再次提醒自己，当你做出过激反应或接受他们的谎话时，你是在鼓励或教他们撒谎。毕竟，如果孩子知道自己将不得不忍受你的说教、咆哮或愤怒，为什么还要告诉你真相呢？《没有权力斗争的育儿之道》的作者苏珊·施蒂费尔曼，她还是一名心理治疗师、婚姻和家庭治疗师，她给出了如下建议：

让孩子知道，告诉你真相是安全的。

· 你的反应是鼓励还是阻止说实话？

· 对孩子的行为始终保持好奇感。试着找出他们没有交作业的原因——是没有做还是弄丢了？

· 帮助孩子从错误中学习。问问他们需要什么，或者下次他们可能会采取什么不同的做法。

承认错误，并为自己的行为负责。

· 记得你的孩子在看着你如何处理自己的错误。

· 犯了错误时，你是责怪别人，还是自己负责？

· 你会为自己的行为辩护吗？

· 当你的孩子看到你为自己的行为辩护，把责任推给别人时，他们也会学着这样做。

找出长期说谎的根源。

· 你女儿经常忘记做数学作业，也许是因为她觉得数学太难。说出忘做作业这个借口要比面对不能理解自己的学业这一事实容易得多——因为后者会触发她内心深处的担心，会让她认为自己不够聪明。

· 也许你的儿子认为他的小妹妹很烦人，于是他反复把她最喜欢的毛绒玩具扔下楼梯。如果这是一个长期存在的问题，那么你就要更深入地研究他们的行为——因为他的妹妹可能才是罪魁祸首。

你可能还没有准备好听到真相。同时，真相可能不那么容易被接受。然而，当你敞开心扉，接纳家中所有的事实时，你就赋予了孩子展现真实自我的能力——诚实。他们能够信任你，因为他们知道你会完全接受他们的本来面目，尽管他们犯了错误。

日常练习

- 当你的孩子对你撒谎时，你是什么感觉？
- 当你知道他们在撒谎时，你对此有何反应？
- 你相信你的反应会鼓励或阻碍你的孩子说出真相吗？为什么？
- 你会给你的孩子第二次机会吗？
- 列出三种你能鼓励孩子说出真相的方式。

保护性谎言的伤害

你的孩子需要相信你说的是真话。孩子和父母在一起时需要感到安全，并相信父母说的是真话。然而，父母有时可能觉得必须对孩子撒谎，才能更好地保护他们。其实，这通常只是父母焦虑的结果。为了不让孩子受到伤害而对他们撒谎，只会导致更多的伤害。在咨询和辅导工作中，我曾经帮助过一些孩子，他们的父母之中有人死于癌症或车祸。通常情况下，为了让孩子感到安全，幸存的家人会告诉孩子一切都好，试图让孩子放心。但许多证据都表明，事实并非一切都很好。这个家庭可能被迫搬出他们原来住的房子；爸爸再也回不来了，妈妈也因悲痛而一蹶不振。

假装一切都很好，但事实并非如此，这对孩子来说更加困难。当然，有时候父母对孩子隐瞒信息一方面是出于善意，另一方面，他们自己也迫切希望一切都会好起来。

我曾经帮一个 6 岁的小女孩做过心理咨询。她很清楚她的父母之间有了问题——她只是不确定是什么样的问题。她的父母不想让她知道他们打算离婚，并准备保守这个秘密直到她完成学业。但是这个小女孩对于家里紧张的气氛十分清楚，倒不是因为她的父母对彼此的怒火（他们其实从不吵架），而是因为父母之间让人极为不安的沉默。这个小家庭不再一起进行有趣的家庭活动，他们也很少像一家人一样待在一块儿。她的爸爸似乎一直在工作，而她的妈妈总是抱怨太累了，什么也做不了。但每次这个小女孩问她妈妈怎么了，她妈妈都会很快地回答她：没事，一切都好。

这个聪明的小女孩并不相信她母亲“歪曲”的事实。然而，她能做的只是像老鹰一样盯着她的母亲，试图确保她的母亲不会有事。她也开始往最坏的方面想。因为她妈妈总是很累，她开始担心妈妈是不是生病了，甚至会不会死。同时，她也担心她爸爸是不是因为家里没钱了而一直工作，或者她做错了什么让她父母十分伤心。她这些从未表露过的担忧在她接受心理咨询时才显现出来。

我鼓励父母尽可能告诉她真相，而不是一味地安慰她一切都很好。于是她的父母终于坦白告诉她，他们的婚姻正面临困难，他们也希望一切都会好起来。这对夫妻也进行了婚姻咨询，而在此之前他们是拒绝的。尽管他们最终还是离婚了，但他们的女儿对此是有心理准备的。如果他们继续假装一切都很好，他们的女儿恐怕会更加难以接受。

为了平息自己的焦虑，父母时常对孩子撒谎。对成年人来说，确诊为癌症已经是一件无比可怕的事，他们更加无法想象让孩子来承受这样的压力。因此，一些父母隐瞒对疾病的诊断和即将要接受的治疗，不对孩子坦诚以告。孩子只能自己去思考，而他们的想象力所创造出来的情形其实比现实要糟糕得多。

孩子往往是知道真相的，但因为他们的父母对他们说谎，使得孩子不仅变得不信任他们的父母，也不再信任自己。《智慧的父母》一书的作者凯特·罗伯茨博士说："麻省理工学院的研究人员发现，孩子们并不容易上当受骗，事实上，当父母对他们说谎时，他们能够感觉到，这使得他们不再信任这些每天照顾他们的人。孩子也清楚地知道父母什么时候对他们隐瞒了信息。"

提供虚假的保证并不能使孩子放心，只会让他们怀疑自己的直觉，不再相信自己——这当然毫无益处。我们想要隐瞒并帮助他们处理的真相，我们的孩子也基本都能处理。我们要做的，就是让孩子也像我们一样了解真相。

关于家庭秘密的真相

有些家庭有需要保守的秘密，家族成员不辞辛苦地将秘密隐藏起来。家庭秘密的产生是出于羞愧——对某人在家庭中的行为感到惭愧或尴尬。无论是失业、婚姻失败或者酗酒，只要存在羞耻感，基于保护个人或整个家庭的秘密就会产生。家庭秘密往往会一代一代地传下去。这些秘密使家庭成员或团结或分裂。但是，当家里有秘密时，孩子就容易养成不健康的沟通模式。在家庭中，秘密可能会造成误解，也可能导致情感上的隔绝。家庭成员之间有可能会出现偏袒、分裂或完全疏远的情况。

虽然孩子可能并不知道这些秘密的具体内容，但他们仍会被告知哪些话题是可以谈论的，哪些不可以。于是，孩子也承担了家庭的羞耻。而当父母对孩子隐瞒重要的家庭信息时，其实是在伤害孩子。虽然孩子可能不知道隐藏的信息或秘密，但他们通常还是知道家里一定出了某种问题。我们在每一种社会关系中进行学习，而家庭关系是我们的第一关系。如果家庭关系是允许说真话的，那么我们可以从原生家庭中学到许多有益的知识，反之亦然。

有一个真实的故事。一位母亲在生下宝宝后总是忍不住回忆起她的第一个儿子，那个孩子出生时她自己也只有十几岁，于是她把孩子给别人收养了。虽然她当时很想留下这个孩子，但是她还没有能力成为一名合格的母亲。她通过自己当时所在的教会完成了这次私人收养，之后她从未与婴儿或他的养父母有过任何接触。她当时十分伤心，但也只能继续自己的生活。

之后这位年轻的妈妈幸福地结了婚，并开始期待着孩子出生。尽管她对多年前的第一次怀孕记忆犹新，但她仍没有预料到第二个儿子的出生会给自己带来多大的影响。随着又一个男婴的降临，她发现自己时常在比较她的两个孩子——他们的相似点和不同点。虽然她觉得和她的新生儿子之间有一种纽带，但她还是不自觉地默默想念离开她的那个孩子。这种思念在每年大儿子的收养日前后那段时间到达顶点，这位母亲变得非常悲伤。

她从未和儿子谈起之前那个孩子的事，但她儿子仍然感觉出了某种不对劲。他十分清楚，在每年 11 月，也就是感恩节前几天，他妈妈大部分时间都待在她自己的房间里，有时他还会看到她在哭泣。他问她是不是出了什么事，但她总是回答："不，我很好。"这种情况持续了很多年。在儿子成年后，他形容自己与母亲的关系是"疏远"的。他说，虽然他努力工作来赢得她的爱，但有时他觉得自己就是无法靠近她。她对他没有表现出太多的感情，甚至在他生日前后也依旧显得悲伤。多年以后，他才发现自己并不是她的长子，而且他不是从母亲口里而是从亲戚那里得知的。虽然明白了母亲为什么疏远他，在某种程度上来说，这对他也是一种解脱，但他仍然承担了损失——失去了母亲的爱。

因为职业关系，我和许多被收养的孩子打过交道。有一些养父母很乐意让孩子知道收养的事，而另一些父母则不愿意，他们认为出于爱应该要"保护"孩子，保护他们免受被抛弃的感觉——不被爱，不被需要。但问题是，孩子通常会发现真相。当一个家庭选择保守收养的秘密时，这个孩子其实受到了更多的伤害。因为孩子得到的信息是，被收养是有问题的，因此，他们的家庭才需要将之变成秘密。

家庭秘密会破坏人际关系。它具有强大的破坏力，足以粉碎一个孩子的世界，直至成年。因为，他们认为的真实不再是真实。我曾经给一些妈妈做过心理咨询，她们始终在与父母离婚带给她们的影响做斗争，因为她们认为自己的童年充满谎言——"幸福"的家庭其实是一个骗局。我也曾遇到一些背负着家庭秘密的妈妈们，她们把压力和焦虑都内化了。随之带来的问题是，她们的身体和情感都呈现出衰弱状态，而且似乎没有有效的临床诊断或治疗方法。与家庭秘密有关的创伤，情节严重的甚至会影响儿童的正常发育，导致发育延迟或停滞。通常来说，家庭秘密或多或少都会影响孩子的情感成长、自我价值和身份认可。直到他们能够释放家庭秘密和情感的潜流，才有可能进行相应的心理治疗。

相反，当孩子们知道真相时，他们会感觉更好。正如前文表述过的一样，孩子们其实不需要知道事情的每一个细节，但如果我们不提供一些真相，他们就很有可能创造出比实际情况糟糕得多的"真相"。

代代相传的家庭秘密会导致更多的家庭成员感到痛苦，甚至出现身心方面的功能障碍。在原生家庭中养成的习惯会在新组建的家庭中无意识地重复——除非能做出不同的选择，那就是打破家庭秘密的循环。下面分享我自己的案例来说明这种选择的价值。

我的原生家族就保守着一个秘密：我的父亲酗酒。我的母亲尽其所能地来保守这个秘密，这个过程其实纵容了他的行为。因此，我父亲很少需要去面对自己行为的后果，因为我母亲会很快就帮他收拾好烂摊子。为了不让别人知道，我母亲为他找各种借口；为了保守他的秘密，她甚至想尽一切办法来帮他处理他的事情。当我们还是孩子的时候，我们被告知（实际上是被威胁）永远不要在外人面前谈论这件事。事实上，在我家里几乎没人私下谈论这件事。所以我们也学会了保守家庭秘密。多年后，我才发现住在我们隔壁和街对面的邻居、好友都不知道我家紧闭的大门后发生了些什么。当他们得知我父亲酗酒时，十分震惊。其实这些邻居和朋友都十分友善，对我们也很关心，如果他们知道真相的话，也许能帮我们规劝父亲。

虽然家庭秘密最初可能会让家庭团结起来，但它也有摧毁家庭的力量。讲真话有治愈的力量，当然这也取决于方式和时机。如果你一直保守着家庭的秘密，我建议你为自己和家人主动寻求帮助，专门研究家庭关系的心理治疗师就能很好地解决这类问题。他们会支持你揭开隐藏的秘密，结束你作为家庭秘密守护者的角色。一旦你决定释放家庭秘密，你将有机会解放自己和你的孩子。

给孩子一个令人不快的事实，她会想方法来解决问题。但是“保护”她，“鬼魂”就会始终在她耳边窃窃私语。

——梅格·罗索夫

日常练习

- 你知道你原生家族的任何秘密吗？你知道这些秘密有多久了？你是怎么发现它们的？
- 还有其他家庭成员知道这些秘密吗？如果有，是哪些人？
- 你在向谁隐瞒这个秘密？怎样才能揭开这个家族秘密呢？如果你真的揭开了这个秘密，你的生活会发生什么变化？
- 你对你的孩子保守了家庭秘密吗？如果有，为什么？你觉得他们知道什么秘密吗？
- 你能做些什么来打破家庭秘密的循环？

你能说出真相吗

讲真话需要勇气，说出自己的真实想法也需要很大的勇气——能对自己诚实，才能对别人诚实。很多女性对自己都不够诚实，她们认为这样做太痛苦了。布琳·布朗这样描述："脆弱听起来像真理，感觉起来像勇气。真理和勇气并不总是让人感到舒适，但它们绝不是弱点。"

从短期来看，隐瞒真相可能更容易。然而，面对真相的意志和勇气才有可能带来一生的自由——说出真相和充分展现真实自我的自由。只要有人愿意真实地展现自己，既表现自己所有闪亮的天赋，也不吝于展现自我的不完美，那么其他人也会这样做。一个人是否真实取决于他面对真相的能力。否认真相是一种背叛——一种对自己的背叛。请回想一下，你已经有多长时间只向世人展示部分的自己了？也许你所展现的只是自己最好的部分，也许你偏偏在别人面前掩盖自己的光芒——让自己低调，让别人感觉更好。我们戴的面具会掩盖我们的真实本质。一个人的本质无疑既包括优点也包括缺点。当我们允许自己成为完整的人，既拥有天赋又有缺点时，我们才允许自己成为真实的人。

每当读到《绒毛兔》中的这段话时，我就会想起"真实"的美。

> 皮马说："你不是真的。这是发生在你身上的事。当一个孩子爱你很长很长时间，不只是和你玩，而是真的爱你，那么你就会变得真实。"
>
> "疼吗？"兔子问。

“有时候，”皮马说，因为他总是很诚实，“当你是真实的，你不介意受伤。”

“它是突然发生的，就像上了发条一样，”兔子问道，“还是一点一点地发生？”

“它不会一下子发生的，”皮马说，“这是一个循序渐进的过程，需要很长时间。这就是为什么这种情况通常不会发生在那些容易碎裂的玩具身上，也不会发生在那些边缘锋利的玩具或者那些必须被小心照料的玩具身上。一般来说，当你是真实的时候，你的大部分头发已经被爱抚掉了，你的眼睛掉了，你的关节松了，你破旧不堪。但是这些都不重要，因为一旦你是真实的，你就不会变丑，除非是在那些不懂你的人眼里。”

和那些看起来“完美”的人在一起时，你心里或许一直在想，他们是怎么做到完美的同时又让一切看起来如此简单。最大的可能是，他们非常努力，而且很有可能他们同时也在努力隐藏不想让世界看到的一面。

我之所以这样说，因为我曾经就是这样的人。我童年时就开始追求完美，并且一直延续到成年。现在我非常努力地工作，让所有的自我都能展现出来，让完整的我被大家看到——包括我的方方面面。这种感觉十分自由。当然，也许这与经验和年龄有关。一个女人从年轻到年老，迟早都要展现出全部的自我。我保证一切都会很好。如果在这个过程中你失去了一些朋友，那么他们一定不是你真正的朋友。真正的朋友是，无论你以什么姿态出现，他们都会支持你！

几年前，我参加了一场活动，是鼓励女性更仔细地审视自己的内在和外在的。活动组织者发给我们纸面具，并要求我们在纸面具的正面写下我们想与世界分享的特征。这个任务听起来比较容易。当我开始思考时，我注意到许多人在面具正面写下自己的特征时，都在与身旁的人分享。同时，我也意识到这项任务并不需要花费我太多时间，因为我的外在特征很容易辨认——友好、善良、富有同情心、有爱心和敏感。

然后，我们被要求转到面具的反面来认识内心的自我，那个我们向世界隐藏的自我——我们的另一面。和在场的大多数女性一样，我在写下这些词语之前犹豫了——嫉妒、爱批评和易怒。当看着这些文字时，我发现自己屏住了呼吸。这真的是我吗？生气其实是我在生活中十分努力想要避免的，因为我自己就在一个充满怒气的家庭中长大，我极其不愿将之带到我自己的家庭。在我现在的家庭里，我无疑不喜欢也不欢迎生气。

我坐在那儿盯着我写下的词，做了几次深呼吸进行调节，于是我的内心不再固执。活动组织者也适时地提醒我们认识并接受自己的阴暗面（不完美的一面）的重要性。每个人都有不完美的地方，当我们学会接受它们时，我们就能展现出完整的自我。我们不再觉得有必要隐藏自己的不完美。当我想到如果我能接受自己的一切，生活会变得多么容易时，我感到自己又能轻松地呼吸了。我意识到，即使是接受我的阴暗面，我也不必照此行动——我还可以选择。只要承认我的不完美，我就不必向其他人隐瞒。同时我可以选择：要么带着嫉妒和怨恨出现，要么承认自己的感受并以另一种新状态出现，而且在任何情况下都可以选择后者。

在研究完面具内在和外在的两面之后，我对自己感觉很好。把我的阴暗面暴露给自己和别人，提醒我不再需要隐藏在它后面。

然而，活动的最后一项任务给了我最大的考验。我们互相分享内在和外在的面具。组织者要求我们倾听搭档描述她的特点，给予对方正面鼓励而非评判。当我面对我的搭档（我并不认识的一位女士）坐下时，我首先分享了我的外在面具（当然这一面是相对容易分享的），她微笑着肯定了我的优点。然后我拿出我的内在面具。她的反应对我来说真是很有价值。她把椅子往后挪了挪，说："如果我有这些特点，我就不会与别人分享了。这太可怕了！"我深吸一口气，笑了起来。不是紧张的笑声，而是一种解脱的笑。我对自己说，好吧，我得到了一个机会，体验了通常意义来说被称为"批评"的感觉。害怕批评是让我止步不前的一个主要因素，但这次，我仍然很好。

事实上，我确实感觉不错，因为我知道我仍然是一个善良的人。我不再需要对自己或他人隐藏我的内在。我也意识到，因为我已经完全接受并爱自己所有的优点和不完美，所以我永远都不会有心理问题。这次经历实际上是一份珍贵的礼物，我十分感激。因为在那天，我的信念——我选择了我的生活，而不是生活选择了我——再次得到了印证。

因为真正的归属感只发生在我们把真实的、不完美的自我呈现给世界时。我们的归属感是永远建立在我们的自我接受程度上的。

——布琳·布朗《成长到死》

日常练习

请花点时间完成日常练习，并提醒自己：只有拥有对自己说出真相的能力，才可能向他人说出真相。

- 你如何向别人描述你自己？你向这个世界展示过哪些真相？
- 你对自己说出过什么真相？
- 列出你认为自己比较积极的 5 个特点。
- 在生活中，你怎样和别人分享这些特点？
- 列出你认为自己比较消极的 5 个特点。
- 这些特点在你的生活中有哪些表现？
- 对你来说，承认自己的优点难吗？
- 对你来说，承认自己的缺点是容易还是困难？
- 如果你有足够的勇气去探索你的消极面、你的不完美，你的生活会发生怎样的改变？

勇敢说出真相

> 与承认自我感知相反的是否认我们的情感。与好奇相反的是逃避。如果我们否认自己的故事，即使勉强从艰难的情绪中解脱出来，它们也不会消失；相反，这些情绪始终纠缠着我们，定义着我们。所以，我们要做的不是否认故事，而是要反抗结局——要坚强起来，承认我们的故事，并与真相共鸣。这时我们会想，是的，事情就是这样。这是真实的我。我将决定这个故事的结局。
>
> ——布琳·布朗

所有的女性在不能说实话的时候都会感到痛苦，这不是个体特质，而是群体特征。当一名女性为了让同事对自己感觉更好而降低真实的能力水平时，她会感到痛苦，她的同事也会如此；当一位母亲出于害羞而隐瞒自己饮食失调的真相时，她和她的孩子都会感到痛苦；当一位母亲保持沉默，不说出她在社区遭遇歧视的真相时，她自己、她的孩子和社区都会遭受磨难。

讲真话需要勇气，而且很难，但更困难的是对自己和他人保持沉默。为了不惹是非而静坐不动，对任何人都没有好处。说出真相是某种程度上的授权和解放。但首先，你必须愿意说出自己的真相。

有时，女人会做很多事情来避免说真话。你可能也有同感。如果你发现自己在为自己的不诚实而辩解，你知道其实你是在欺骗自己，最终你也背叛了自己。有时，行为虽然可以辩解，但你终究是不诚实的。

生活教练、知名博主乔纳森·威尔斯曾经提出“你有勇气诚实吗？”诚实其实是为了避免痛苦。如果你有以下这些想法，无疑你正在遭受痛苦：

· 试着不伤害别人的感情或自尊。

· 不希望别人对你有不好的看法。

· 害怕有人会不认可你。

· 认为自己在保护某人。

· 通过避免尴尬来自我保护。

· 努力帮助别人挽回面子。

· 感觉自己的形象或声誉受到威胁。

· 不喜欢某人，但又不想让他知道。

正直就是告诉自己真相。诚实就是告诉别人真相。

——斯宾塞·约翰逊

直面自我的真相是一种勇敢的行为，同时也是一种解脱自己的行为。我们常常倾向于相信被扭曲的事实。我们总是跟自己说事情会有好转的，而现实指向却并非如此。我们通常迟迟不敢审视真相，因为担心希望会随之而去。酗酒者可能会说服自己，“没有问题，只喝一杯”，然后他们接二连三不停杯。自我总是试图保护我们不面对真相。许多单身母亲回想，当初婚姻处在破裂边缘，但直接面对问题让她们十分痛苦，所以她们宁愿假装一切都好，直到事情终结。

我们想忽略痛苦的真相。我们不惜一切代价避免它，甚至试图用酒精、毒品和其他成瘾行为来麻痹疼痛，比如工作、购物。我们让自己忙忙碌碌，其实只是为了避免让自己感受到正在感受的。

拥有自己的故事，并在这个过程中爱自己，这是我们人类做过最勇敢的事情。

——布琳·布朗

你可能已经花了很多精力来避免自己的情感痛苦。在这个过程中，你极有可能已经对自己和他人讲述关于自己的“虚假”故事。现在，在你试图找到真相之前，还有一件重要的事，就是检查一直以来你对自己究竟说了些什么。你的孩子是怎样学会说谎的，你就是怎样学会的，而且也是从小就会的。你究竟对别人说过什么谎，更重要的是，你对自己说过什么谎？法诺什·布洛克提到了一些常见的谎言，你觉得熟悉吗？

谎言 1：你不值得被爱。

谎言 2：你做得还不够。

谎言 3：你不配拥有幸福。

谎言 4：你不是独一无二的。

谎言 5：你的梦想太不切实际了。

谎言 6：你的成功归功于你的周边环境。

谎言 7：你不配拥有财富。

告诉自己这些谎言对你和你的孩子都毫无益处。你对自己的想法将成为你的信条。格伦农·道尔·梅尔顿鼓励人们说实话，传播希望。她发起的社会运动鼓励妈妈们说出真相。她还为妈妈们建立了一个互助社区，用来提醒妈妈们并不孤单。梅尔顿的用心和努力值得肯定。她倡议妈妈们赞美自己的不完美，不再隐藏在完美主义的压力之下。同时，她也倡导妈妈们充分展现自己，哪怕有些人觉得自己还没有准备好。正如她所说：“你们知道吗？其实我并没有准备好完美的计划。但不管怎样，我还是决定着手开始，而且神奇的事情不断在发生。我想，那些改变世界的人们应该也是这样做的，他们也不会等到一切都准备好了再开始。”

勇气始于现身，让别人看到自己。

——布琳·布朗

如果你不开始着手实践，你怎么能知道其中滋味？所以，即使你还没有准备好，你也应该立刻行动。而且，你怎么知道自己是否已经准备好了呢？即使你通过努力来做好准备——比如减肥、学习一项新技能，或者确保自己始终完美（虽然谁也不知道完美意味着什么）——你可能仍然不会觉得自己已经准备好了。要真正了解事情的唯一的方法就是大胆去做！

实践需要勇气。懦弱胆小的人体会不了什么是有意义的人生，勇敢的人才有机会，因为他们不会在恐惧中退缩。什么时候你才会有十足的安全感？它又真的存在吗？很有可能，如果你一直等到感觉安全了，可能你已经错过了大部分的生活体验。《怦然心动的人生整理魔法》的作者近藤麻理惠说："如果不先改变思维方式，人们就无法改变自己的习惯。"她还认为："即使他们一开始受到鼓舞，但因为无法保持动力，他们的努力也会逐渐消失。"根本原因在于他们看不到结果，也感觉不到效果。如果你无法感受到干净整洁的房子所带来的积极影响，或者庆祝你成功达到减重 5 公斤的目标，那又何苦呢？如果你的努力没有带给你成就感，那为什么还要继续呢？

这个道理也适用于改变你的想法和故事。你应该拥有展现自己的意愿和勇气，无论你认为这个世界将如何看待你。如果我在那次活动中被我的搭档羞辱之后，就再也不允许自己表现出不完美（嫉妒、爱批评和易怒），我将会错过那些可以接纳完整的我的朋友。当你一次又一次地学会展现真实的自我，不再自我批判，你也肯定会有所收获。不要忘记：你做的已经够多了——甚至更多。

有一句至理名言是这样说的：自我真相应该与他人分享，但不一定要与所有人分享。不是所有的朋友和熟人都值得你吐露真心。真相在有些人那儿可能是不安全的。所以辨别哪些人可以让我们展示真实就极为重要了。你是否曾经勇敢地和朋友分享过一些事情，但他们在得知真相之后却看不起你，或者在没有得到你允许的情况下，把你的故事告诉别人？真相只应该和你信任的人分享。布琳·布朗说："如果我们能与同情和理解我们的人分享我们的故事，羞耻感就不会存在。"

当我们以身作则——告诉自己和世界真相时，我们的孩子将见证这一切，并因此而改变。他们向我们学习如何变得诚实。我们应当教导孩子正直的价值，并在谈话和互动中向他们展示正直的意义。完全展现自己，孩子也会把他们的真相展现给我们。

日常练习

- 你是等自己准备好了才做还是一直等待？你怎么知道自己准备好了？
- 如果你决定现在就做，你的生活会变得更好吗？有什么阻止了你吗？
- 准备好了，请马上开始！要勇敢！记得在这里记录下你惊人的勇气。
- 现在知道了这些，你打算……

第十章

告别过去，专注当下

> **一个孩子必须承受的最大压力莫过于父母死气沉沉的生活。**
>
> ——卡尔·荣格

父母的心理状态和情感健康对他们的孩子有着重要的影响。孩子成为父母之后又会继续影响自己的孩子——并持续循环反复。带着情感创伤的父母往往会无意中把压力和创伤传给下一代。伤口会继续溃烂，伤疤会被复刻，直到有一个人能停下来，正视过去，改变自己。作为一位母亲，你有机会也有能力通过治愈自己的情感创伤，来结束家族好几代人的遗留问题。你可以独自完成这个壮举，为了你的孩子和孩子的孩子，停止这种循环。你将会为现在和未来的几代人创造深远的连锁反应，也会给你的家庭和世界带来和平——这一切都从你开始。

章节概览

专注于当下的养育理念是难能可贵的，尤其是在养育过程中，我们会多次重新体验过去的情感。孩提时代，我们都会接收到影响我们情感发展的信息。这些信息有的健康，有的不健康，它们可能来自父母，也可能来自其他人。也就是说，成年人可能会在无意识间把他们的痛苦投射到无辜的孩子身上。这些悬而未决又随时可能席卷而来的情绪，是我们成为更好的父母的障碍，也造成我们对一些现实情况出现过激反应。如果我们能够开始面对自己被压抑的情绪，尤其是那些童年的创伤情绪，我们就为自己和家人开启了疗伤之旅。我们释放自己的过往和私密情绪，是为了让我们的孩子能成长为情感健康的成年人。

当过去侵入现在

35 岁的玛雅曾经到我的办公室来寻求帮助，她有两个十来岁的孩子，“我不知道究竟是谁出了问题——是孩子还是我自己。”我让她尝试说清楚她的感受，于是她告诉我，她觉得失去了自我，这让她很害怕。虽然她很爱她的孩子和丈夫，但她觉得自己已经变得不是自己。她同时也很肯定自己的婚姻一切都好，“我的丈夫非常支持我，他是一位慈爱的丈夫和父亲，尽管他的大多数时间都被工作占据了。”

玛雅的两个女儿分别是 13 岁和 15 岁，都是学校的优等生。虽然玛雅觉得她的家庭关系很融洽，但她仍然注意到她的女儿们在逐渐疏远她，她们只专注于各自的事情。玛雅认为孩子们的行为是典型的青春期表现，但女儿们更喜欢和朋友相处而不愿意和妈妈一起，这让她有些受伤。玛雅尝试尽量不往心里去。但是，她越想让女儿们参与家庭活动，她们就越抗拒。

于是，我先从了解玛雅的童年入手。她说自己有一个“美好”的童年，有非常慈爱的父母和一个温馨的家。一切都十分完美，直到她的父母宣布离婚。这个意外的消息让玛雅的世界彻底崩塌。“毕竟，我的父母从未争吵过。”她说。她从来没有听到他们对彼此说过一句重话。但她同时承认，她对父母在一起的时光没有太多记忆，因为她的父亲工作时间很长，他在家的大部分时间都在看电视。

玛雅的母亲后来告诉玛雅，她其实已经受够独自一人勉强维系整个家庭，她觉得自己迷失了自我。玛雅痛苦地回忆起她母亲说要离开家去找另一个男人（母亲高中时的心上人）的场景。这让玛雅和她的妹妹都产生了强烈的被抛弃的感觉。尽管玛雅尽了最大的努力，还是无法说服母亲留下。她竭尽全力地取悦母亲，但无济于事。最终，她的父母离异，而她当时仅仅 13 岁。巧合的是，玛雅最小的女儿也正是 13 岁。女儿进入青春期，开始进入个性化和“去家庭化”的发展阶段，加之丈夫繁忙的工作，这一切使得玛雅重新体验到了被抛弃的感觉——她童年时代被埋葬的感觉。她回忆起自己曾多次试图赢得女儿们的爱和关注，就像她当年对母亲所做的努力那样。玛雅向女儿们发出诱人的外出游玩邀请，但她们经常拒绝。有时，她主动提出带女儿去购物，给她们买新衣服或最新的电子产品。这种做法经常奏效，比邀请家人一起出去玩的效果好得多，但这种活动的次数仍然远远比不上她的女儿们想和朋友出去玩的次数。

玛雅从她的丈夫和女儿们身上重新体验了她被母亲抛弃的感觉。其实，我们每个人都会在无意识间把童年经验带入成年生活，并一遍又一遍地重复同样的剧本，只是扮演不同的角色而已。我们不断地重新体验我们自认为早已被埋藏的情感。有时，这些强烈的感情，在我们最意想不到的时候，从被我们遗忘的伤口迸发出来，阻止我们前进。大多数时候，我们童年的创伤都是由我们的父母引起的。这些童年时期留下的情感创伤很可能扭曲我们的思想和信念，并且影响到我们的行为和反应。我们无法有效地满足孩子的情感需求，直到我们能够面对我们自己。

很少有人能安然度过童年而不受到某种情感上的伤害，即使是那些看似无关紧要的事情，比如没有被邀请参加朋友的生日聚会，也会让孩子感觉自己被遗忘了。当然，父母不能及时回应孩子的需求，也会导致孩子情感上的创伤。虽然孩子吃饱穿暖，但情感需求得不到满足，或者被过度地羞辱、忽视甚至虐待，这将会导致更严重的情感伤害。这些情感创伤如果得不到修复，就会影响孩子与世界的互动，也会影响他们感知世界。例如，那些喜欢公开斥责孩子懒惰的老师，可能隐藏着童年的痛苦。也许他们年幼时就被他人训斥“懒惰”。童年的创伤和不健康的信息如果不加以审视和解决，就会不知不觉地被带入成年。接着，这些伤口溃烂并渗透到个人和为人父母的生活方式中。

未修复的伤口有可能被带入我们新创建的家庭中并持续循环，最终，我们亲手制造了自己最想要避免的结局。不论我们成为和自己父母完全不同的家长，还是有意识地选择了自己认定的育儿方式，当我们的情感创伤被激活时，我们都将无意识地在受伤状态中养育我们的孩子。丽塔·布雷尔在她的文章《治愈你童年的创伤，更好地为人父母》中指出，“即使父母们竭尽全力做到与他们父母的教养方式截然相反或者相去甚远，但如果不解决自己的童年创伤，他们内心的指南针就始终无法准确地定位。父母对孩子的反应就可能不是因为他们想让孩子变得更好——尽管他们可能确实也这样希望——而是出于对他们本身试图避免的情况的恐惧。”

一旦我们对自己内心的创伤和内在阴影有更多认识，我们就能更加有意识地选择自己想要成为怎样的父母。我们开始更好地了解自己。如果我们感到被贬低或被嘲笑，愤怒的情绪就会随之而来，可能因为我们童年时期有过类似的感受。而作为成年人，有些人开始害怕说出关于自己的真相，因为这会不断地提醒着他们，在年幼时他们的父母对他们的许多诉求置若罔闻。

未修复的童年创伤有可能会对我们重新造成伤害，而且它们不仅会对个人产生影响，还会对他人造成伤害，比如影响我们的人际关系，尤其是和孩子的关系。即使是最慈爱的父母，也有可能把情感创伤传递给孩子，而父母的这些创伤极有可能是来自祖父母。作为母亲，我们有能力和责任去发现自己的情感创伤，寻求治愈，改变我们的故事——为了自己和我们的孩子。否则，我们隐藏的情感和内在的信念会形成一块扭曲的面纱，蒙住我们的眼睛，让我们只能透过它看到这个世界。《无法埋葬的情感》的作者卡罗尔·K. 杜鲁门解释说："在我们年轻的时候，经常被奉劝不要太专注于自己的情感或感受。我们总被教育要否认情感，把它们隐藏或深埋起来。如果我们的感情受到伤害，或者我们讨厌遭遇到某种情形，我们就被教导要‘忘记它’‘忽略它’‘没关系’‘不要想它’或‘它可能会自己消失’。”但事实上，那些悬而未决的感觉永远不会消失——它们始终留在我们的心里。我们无意识地把这些未处置的情感负担带入成年生活，于是它们在我们的婚姻，还有我们的养育过程中，一次又一次以这样或那样的形式复活并再次上演。同时，我们也把那些被埋葬的感受带入职场生涯和邻里交往中。

俗话说：“我们越害怕什么，就越会发生什么。”当我们还是孩子的时候，那些我们不想要的情绪，那些我们努力忽视和压抑的情绪创伤，在我们与他人的关系中，终将不时露出它丑陋的疤痕。有可能是某一件事触发了我们的记忆，有可能是某个场景让童年经历重现。但无论怎样，我们都不自觉地想要避开这些情感负担。一旦受到伤害，我们就想把情绪收起来，并且努力说服自己它已经过去了——然而却在无意识间始终背负着这个沉重的负担。

《得到你想要的爱》的作者哈维尔·亨德里克斯博士说：“根据我对成千上万个家庭的观察……治愈童年的旧伤是一种迫切的需要。否则会出现这些情况——你爱上自己伴侣的决定性因素不是因为他或她富有魅力，有令人尊敬的职业，有与你惺惺相惜的价值观，或者善良高贵的品质……而是你受过创伤的头脑认为，它终于找到了一个理想的人选，来弥补你童年经历过的精神上和情感上的创伤。”他进一步解释道：“童年的痛苦经历让我们产生了一套脆弱的防御机制，以竭力应对我们与外部世界的关系以及我们的人际关系。实际上，从童年时期开始，我们的部分真实本性就已经在潜意识中被压抑了。我们看似已经成长——有了工作，有了责任——却在带伤前行，一边试图拼命地让生活充实，一边不知不觉地希望以某种方式恢复我们最初那种快乐的活力。”

被家长虐待，父母中有抑郁症患者，又或者在童年时期经历过父母一方的死亡，这些情况都会让你在情感上伤痕累累。抛开以上极端情况，即使你有非常慈爱的父母，你的需求也无法被百分之百地满足。因为恐怕只有超人父母才能一直满足孩子的所有需求。一旦有了未被满足的需求，身体就会促使自身建立应对机制，帮助你重新获得安全感。可能在童年时期，你的预警机制和防御机制就已经形成并发挥作用。然而，正是这些应对机制，成了阻碍你自己成长，并影响你养育孩子的潜在危机。

也许童年时期的你始终感觉自己不够优秀，为了努力做到更好，你对自己处处高标准、严要求，尤其是在父母面前。其实，几乎每个人都有类似的经历，我们总觉得自己没有达到预期。然而，一些在家庭功能失调的环境中长大的孩子在无休止的追求中挣扎着变得更好。通常，这些孩子在他们的家庭中才是真正的“父母”，他们承担起“教育”自己父母的角色，因为父母不成熟的情感根本不足以来教育孩子。这些孩子觉得有责任照顾他们的父母，同时也觉得应该对他们父母的幸福负责。《母爱的羁绊》的作者卡瑞尔·麦克布莱德博士认为，有自恋情结的父母培养的孩子，在成长过程中普遍会有一种挥之不去的感觉——认为都是自己的错，才让自己的童年不如人意。无论这些孩子如何努力，他们始终认为自己不够好。自恋的父母抚养长大的孩子很早就学会了取悦父母，以赢得他们的爱。通常来说，自恋的父母无法对孩子保持同理心，也不能给予孩子无条件的爱。

但孩子往往并不明白，他们只认为是自己不配得到爱。而且通常到青少年时期甚至更晚的时候，他们的无价值感才会显现，并使他们非常痛苦。当孩子试图赢得父母的爱，而父母却犹豫不决时，这种循环就会继续下去。孩子认为，如果我的父母不爱我，谁会爱我呢？自恋的父母无法正确判断自己的感受，更不用说孩子的感受了。所以，他们始终无法倾听孩子的感受，并与他们沟通交流。

酗酒者的孩子也试图扮演改变或修复父母的角色，但是通常以惨烈的失败告终。因此，孩子就认为，如果自己更好，这一切就不会发生；如果自己做得更好，父母就会停止酗酒了。

每个孩子都想从父母那里得到爱，所以他们总是追求完美。这种无休止的追求是基于他们相信一旦自己是完美的就会得到爱。这种信念得出一个可笑的结论——完美主义植根于羞耻感。于是，孩子相信，没有人爱自己是因为自己不够好。更可怕的是，这些追求完美的孩子往往会在成年后变本加厉。

我认识一位名叫琳恩的朋友，她自称是一个完美主义者。尽管琳恩愿意承认自己的这些倾向，但她并不理解其中的原因。问题在于，她 12 岁的女儿似乎在追随她追求完美的脚步，这让她很烦恼。其实琳恩也不愿意让自己陷于每件事都力求完美的境地，她更不愿意看到女儿像她一样，承受这种痛苦和负担。

我让琳恩回顾她的童年，她说她是家里唯一的女孩。她的两个哥哥分别比她大 6 岁和 4 岁。我问她，在她的生活中，是否有一段时间，她可以自由地犯错误。她很快回答说：“从来没有！”她进一步解释说，只有当一切都安排妥当，一切都做对了，她才会感受到来自母亲的爱。如果她的书写“马虎”，她的母亲会坚持让她重写家庭作业。如果她在外面玩，回家时衣服又脏又破（这种情况很少发生），她就会受到训斥。仅仅是她母亲的面部表情就能让她意识到母亲并不高兴，她有时甚至怀疑她的母亲是否爱她。

她的哥哥们和妈妈的关系似乎轻松得多。如果哥哥们回家的时候脏兮兮的，或者家庭作业写得乱糟糟的，她的母亲似乎都会放任不管，就像母亲经常说的“男孩就是男孩”。

我请琳恩描述她的母亲。从她口中，我得知她母亲是一位非常整洁的女人，总是保持家里的一切井井有条、纹丝不乱，因此还获得过社区的许多奖项。在琳恩的记忆中，她母亲的头发始终一丝不苟地盘好，她甚至不记得母亲什么时候“放下头发”，放松下来。她也不记得母亲犯过什么错误。在琳恩眼里，她的母亲是完美的。而这位看似完美的母亲是琳恩的第一位女性榜样。因此，琳恩不仅学会了追求完美，以便得到母亲的接受和爱，而且还把取悦母亲的习惯带入了成年期。

不断寻求父母认可的孩子长大成人后，也会不断寻求他人的认可。为了不让别人失望，他们都很难拒绝他人。最终，他们对所有人和事都说“是”：对他们没有兴趣或没有时间完成的项目说“是”；对他们的老板说“是”，即使他们知道在截止日期之前他们所答应的事情很难完成；对父母说“是”；对伴侣说“是”；对他们的孩子说“是”——同时在心里无意识地尖叫，“不！不！不！”那些在成长过程中试图取悦父母的孩子，会继续努力取悦自己的孩子，努力向孩子展示他们自己迫切想要的爱，或向自己保证孩子会爱他们。我听说很多父母都不愿意对孩子说“不”，因为他们希望孩子始终爱他们。

许多在功能失调家庭中长大的孩子经常会感到内疚，并相信如果他们能变得更好，他们的家庭就会好起来。我曾经无意中听一个7岁的小女孩对她的朋友说：“如果我不是个坏孩子，我的家人就都会很好。”我无法想象，罪恶感是如何笼罩着她的童年生活，甚至是成年后的生活。许多母亲，甚至是那些看起来拥有美好童年的母亲，都背负着这种负罪感。它不会自动消失，除非我们找到它的根源。内疚的感觉会持续蔓延，哪怕我们没有做错任何事，依然会觉得有一种说“对不起，非常对不起”的冲动。而且，一般来说，大多数女性都会被“对不起”这句话困扰。

我曾在社交媒体上看到一篇文章报道了一场运动，呼吁女性把“对不起”这个词从日常用语中清除出去。母亲们不断的道歉表明了她们的基本假设，即她们是问题的根源，这是她们从孩童时代就产生的信念，这种信念有各种各样的来源，包括父母、家庭、老师和媒体。

还有一些孩子觉得自己“不够好”。他们不追求完美，却为了让自己感觉比别人更好而放大自己的能力。这成了他们的防御机制。他们吹嘘自己的运动能力、朋友的数量或者父母的收入。他们的思想往往变得浮夸。他们也很容易为自己辩护或指责他人。他们不愿意相信自己在任何方面比别人差，因为这让他们十分痛苦。即使是建设性的批评，对他们来说也极难接受，所以他们会很快转移话题，或投射到另一个人身上。他们变得具有防御性，并且很快就会指责别人。他们很难对自己负责。例如，迟交作业不是他们的错，而是朋友告诉他们的交作业的日期错了。

弄坏玩具不是他们的错，责任在他们的兄弟身上。在成年人身上也能看到类似的行为。

本是一个看上去很自信的 8 岁男孩，我在办公室第一次见到了他和他的父母。本的父母对他的自负和专横行为表示担忧。尤其是在玩耍的时候，本表现得始终需要有掌控感，他很少让他的朋友来决定玩什么。据他的父母说，本是一个“不擅长运动的人”。在有关运动的比赛或游戏中，如果他赢不了，他就直接放弃了，甚至有时在中途就突然离开。他们还注意到本总是试图超过他的朋友。如果他的一个朋友自豪地宣布自己通过了空手道考试，并获得了某个级别的腰带，本就会说:“空手道很蠢——我打棒球，得了 5 个奖杯。棒球比空手道好多了！”

本的父母开始担心他的朋友们再也不愿意和他一起玩。因为他收到的生日派对和玩伴邀请已经明显越来越少。如果本邀请朋友一起玩，通常他们都会声称自己太忙而拒绝。虽然本的父母也尝试着教本如何成为一个好的朋友，但本对此很有戒心，并总是把问题归结到他的朋友身上。

在我和本的第一次谈话中，我问了他一些关于学校和朋友的事情。他很快就告诉我，他是班上最聪明的学生，他有那么多朋友，甚至数不清。我注意到他母亲脸上惊讶的表情。我请本告诉我他擅长什么（他的优点），并解释他需要什么帮助（他的缺点）。他滔滔不绝地说出了许多优点，有些显得夸大其词，比如，“我是班里最强壮的人，能把每个人都抱起来，甚至包括我的老师布鲁克斯先生。”

当我请他把需要帮助的事情列出来时，他向我保证一件都没有。我向本说明，每个人都会有困难，我们都需要帮助，哪怕是成年人。但他再一次肯定地说：“我什么都会！”他的极度自信明显超过了健康的自尊范围。我决定要帮助本和他的父母，让他们知道怎样才能改变现状。

接下来，我和本进行了几次游戏治疗，很明显，身材矮小是造成他自负性格的重要影响因素。其他的影响因素包括他被诊断为儿童多动症（注意缺陷多动障碍）和相关的学习困难。他内心对自己的智商有种潜在担忧，导致他觉得自己有必要比别人更聪明。为了让自己更强大，他需要让自己感觉更好。为了让自己感觉更好，本觉得有必要让别人感觉不那么好。

有些孩子会觉得自己不够好，所以自己在家庭中也是“隐形”的。父母的注意力往往集中在家庭中的其他孩子身上——也许是“最漂亮的”“最有天赋的”或“智力超常的”孩子，或者“难相处”的孩子。最终的结果是，有的孩子感觉不到被关注，甚至在父母的眼中是“透明”的。这些孩子在成长过程中会认为自己的存在没有价值。成年后，他们也会试图隐藏自己，当人们注意到他们时，他们会感到自己很脆弱。尽管这些孩子和成人可能只是更加内向，但我们依然应该质疑其根源。他们的内向倾向、天性和他们被培养的方式有关吗？

《天才儿童的悲剧》的作者爱丽丝·米勒表示，“童年时期对我们造成的伤害是无法弥补的，因为我们无法改变过去的任何事情。”然而，我们可以改变自己。通过将自己从过去不知情的受害者转变为现在负责任的个人，能够清醒地意识到自己的过去，并承认其存在。她说：“大多数人的做法恰恰相反。”他们没有意识到过去的经历不断地决定着他们现在的行为，所以他们逃避任何与他们有关的历史。

直到我们愿意正视过去，否则，过去永远在影响我们的未来。

日常练习

- 你是否发现自己总是被困在同样的故事里？这些故事能与你的童年故事产生共鸣吗？
- 你是否意识到，你在童年时期接收到的消极信息现在还对你有影响？它们给你的日常生活带来了什么影响？
- 你被教育的方式是否直接影响了你对孩子的教育方式？

创伤诱因

> **养育孩子的过程会引发我们自己早期的成长问题。在孩子成长的每一个阶段，我们自己未解决的成长问题和未被满足的儿童需求都将重现。而且通常，会导致不健康的教育。**
>
> ——约翰·布雷萧《回家吧，受伤的内在小孩》

孩子们有时会激怒我们，甚至能在一天之内让我们发好几次火。我们不受约束的情绪占据了上风，于是做出过激反应。正是这些触发我们情绪的诱因，导致我们无法理性地为人父母。因此，我们感到绝望、无助、不足、害怕、罪恶。

当我们对孩子做出情绪化的反应时，我们的教育是无效的。例如，当孩子不听你说话时，你可能会感到不受尊重、不被重视。但如果你因为孩子不听你说话的行为而变得情绪化，那么很有可能你之前也有过类似的经历。也许你在你的家庭里没有被倾听或被尊重，也许你在公司的建议没有被上级听取。所以，你的孩子不愿意听你讲话，引发了你未愈合的过去。事实上，很有可能你的孩子其实听得很清楚，只是没有按照你的要求去做。这是孩子非常正常的行为，却可能会让父母感到沮丧。当你的孩子不听你说话的时候，你就勃然大怒，并把它当成针对你个人的行为，是因为这让你回忆起那些痛苦的、无意识的感觉和记忆——那些你认为你已经忘记很久的记忆。

有一次，在我举办的研讨会上，有一位母亲提出，希望大家能帮她想办法，让她十几岁的儿子能听她说话。她告诉大家，她已经快疯了。当我问她她儿子的行为让她感觉如何时，她很快回答说："让我火冒三丈。"她生气的原因是，她为他做了那么多，但他甚至没有起码的耐心和尊重去听她说话或按要求做事。

过了一会儿，我再次问她同样的问题——她儿子的行为让她感觉如何。沉默了一阵后，她终于放下了最初的愤怒，说道："我觉得自己被忽视了，完全不受尊重。"我请她记住这种感受，然后问她之前是否也有过类似感受，无论是童年还是成年后。她本来矢口否认，但马上做出一个顿悟的表情。她清楚地回忆起，在她与父亲及前夫的相处中，她也有过类似的感受。她突然笑着说："天哪，这真的似曾相识！"

直到这一刻，她反复被触发的愤怒才真正得到检视。而一旦她找到了让她感觉脆弱的诱因，她就能改变对她儿子的态度。这位勇敢的母亲能够主动去探究这些诱因背后的真相，这也让她意识到过去的经历是如何影响她为人母的能力的。未放下的情感负担让她自己每次被触发时，都陷入一种下意识的反应模式，她对此有了更深入的理解。

清理童年的创伤和非健康的行为模式并不意味着要把它们彻底推开，清理创伤的真正含义是，你有意愿和勇气去审视那些尚未解决的感觉、狭隘的想法，以及老套的教育观念，这些观念你可能现在仍然在坚持，因为这和你自己所受的教育方式直接相关。只有你愿意揭开并仔细检查这些伤口，才有可能纠正扭曲的看法，清理信念的创伤。这需要你愿意克服这些障碍，并直接深入地面对触发诱因——尤其是那些很容易让你每天或每周都发火的诱因。与其继续压抑自己的情绪，不如学着接受它们。

一开始，这可能会让你感到害怕和不舒服，但为了自己和孩子，这样做无疑是值得且必要的。无论你是自己独立处理这些诱因，还是选择专业人士的帮助，都是值得肯定的。有些人也确实能够在没有他人帮助的情况下治愈自己，当然，这实属不易。正如我们不会尝试给自己看病一样，我认为健康的情绪也应该在专业人士或得力好友的帮助下进行培养。

治愈你的过去能让你在日常生活和为人父母的过程中，扫清通往自由的道路。你也会减轻你的孩子所背负的情感负担，或许你一生中大部分时间都在背负这些负担，但这些负担从来都不是孩子想要承受的。

作家、艺术家、精神活动家保罗·利维说："不能期望父母没有缺点或没有任何情绪，这是反人类的。相反，他们应该真诚地努力，不否认也不压抑自己的弱点和潜意识中的问题，认清自己的本来面目。"他还说：

“关于他们无意识的问题，父母至少应该有意识地与自己达成协议——为了孩子，他们应该把解决自己内心的困难作为一种责任。”

治愈你的伤口并不意味着你所经历的伤害和创伤会从你的记忆中消失。你仍然会记得这些，但你将学会以不同的方式与它们相处。伤痛和相关的感觉将不再阻止你前进的脚步，也不再阻碍你的成长。既是演说家又是作家的拜伦·凯蒂曾说：“生活从来不是负担，生活是什么取决于你对生活的想法和信仰。”

如果你愿意直接面对并深入研究那些“未解决的情绪问题”，将有利于治愈你的伤痛，让你向真实的自我敞开心扉。但首先，你必须给自己充分的时间。治愈内心是一个过程，你需要审视自己内心的那个孩子，那个存在于你无意识中的孩子，从童年起就一直带着伤痛和未被满足的需求。这个孩子试图控制你的生活，以获得安全感。是时候让你内心的孩子知道，你现在已经是一个成年人了；是时候让他知道，你才是真正的主人了；是时候让他知道，你现在可以照顾他，保护他的安全。

约翰·布雷萧在《回家吧，受伤的内在小孩》中将治愈的过程称为悲伤的过程。他将悲伤分为如下几个阶段：

信任

· 在这个阶段，让你内心的孩子知道他是安全的，所有的感觉都是可以接受的，你总是会支持他。

验证

· 验证自己的感觉，承认你在家庭教育过程中曾无意间被父母伤害，而你的父母在童年时也受过伤害。

震惊和愤怒

· 关于自己童年和父母的真相或许会让你震惊，尤其是如果你过去曾试图粉饰它的话。但是，看清楚自己童年时的痛苦和愤怒会促使你前进，并有意识地选择对待自己和孩子的方式。

悲伤

· 悲伤是痛苦的一部分——无论是过去还是现在。允许自己感受悲伤将帮助你治愈伤痛并继续前进。

孤独

· 因为小时候受到过的耻辱，你隐藏了真正的自我——你的本质。为了得到爱，你在自己和他人面前披上了伪装。结果，你被隐藏的真实自我产生了孤独感。只有通过遇见自己，抛开害怕和批判，才能开启对自己的治愈之旅。

教育是一个整体

生活中的压力源，如婚姻、孩子的出生、离婚、换工作或亲人死亡，都很容易引发问题。即使是在最好的情况下，这些事件依然会带来压力。

为人父母，我们驾驭生活的能力是受自己父母的教育方式影响的。如同教育基金在许多年前就准备好了一样，我们如何继续为自己和孩子“建立”良好的生活，取决于我们的父母为我们提供的基础力量。如果你生活在一个功能失调的家庭，你的基础极有可能是不稳固的。但你成年后有机会，也有责任来一砖一瓦地重建这个基础。这种重建也不可能一夜之间完成，而是通过每天的一些小细节推进的。你必须放弃不正常的基础，代之以健康的结构——一种将支撑你和你的家庭世代相传的结构。

教育是一个整体，意味着要从整体来进行教育，你要先成为你心目中理想的父母。作为成年人，我们需要花时间去理解和满足自己的情感需求——这些需求是我们作为孩子时所没有得到满足的。当我们不需要依靠孩子、配偶或父母，自己可以满足自己的需求时，我们就能做好孩子的完整教育。因为，一旦我们能为自己提供这些心理需求，我们就有能力全心全意地满足孩子的需要。

但是，孩子要成长为健康的成年人，他们真正需要的是什么呢？

金伯利·罗斯博士和弗雷达·弗兰德曼博士都是社会工作者，他们合著了《与内心的小孩对话——如何治愈你的童年创伤》。根据这本书的观点，养育身心健康的孩子需要“六颗种子”：

· 支持；

· 尊重和接受；

· 统一的标准；

· 无条件的爱和情感；

· 一致性；

· 安全感。

虽然这些看起来简单明了，但实际上，父母每天都面临着挑战。即使是最具科学头脑的父母也无法满足孩子的全部需求。父母并不完美——他们是人。作为父母，我们都可能会失去耐心，因为一时冲动而批评孩子，或者对孩子的举动反应过激。唯一要注意的是，当我们难以控制时，希望你们愿意向孩子道歉。

卡尔·荣格说：“一个孩子必须承受的最大压力莫过于父母死气沉沉的生活。”他指的不仅仅是父母把自己生活中的负面影响带给了孩子，还包括了父母无意识间代代相传的心理创伤，这些创伤将感染孩子，并对孩子造成伤害。

所以，为人父母，我们能给孩子的最好的礼物就是建设好自己的内心，治愈自己的创伤，这样我们就能再次变得完整。对我们的家人和我们自己来说，“完整”是无价之宝。当我们重新发现自己内在的快乐和对自己的爱时，我们就把他人解放出来了，不再需要让他们来照顾我们的情感需求。这样，我们不仅为自己找到了自由，而且让我们的孩子获得了自由，帮助他们成为真正的自我。

日常练习

- 你是否发现很难识别和检查自己压抑的情绪？你是如何处理这些未解决的情绪的？
- 在了解了对孩子健康成长极为重要的“六颗种子”后，你觉得你的父母为你提供了哪些种子？请你举出两个例子，描述你对这两件事的情绪。你从中学到了什么?

- 现在请想一下“六颗种子”中，你的父母没有给你的某两颗。描述事件、周围的环境以及你最后的感受。
- 在你成长的过程中，你能做你自己吗？回顾过去，你是否自由地做自己？还是说，你并不十分确定自己到底是什么样子？
- 你的生活中有积极的榜样吗？是否有人帮助你获得情感的健康成长？如果有，他们是谁，又是如何帮助你的？
- 你给自己的孩子提供过哪些种子？请回忆两件具体的事件。请你详细地描述你孩子的行为和情绪。并思考这些种子是如何帮助你的孩子成长的？
- 请描述你拒绝接受“六颗种子”的一次情况。描述你的孩子由此产生的情绪和行为。你认为他们从中学到了什么？你自己又从中学到了什么？
- 如果你有机会改变自己的行为（你一定有能力这样做），你会改变什么？你会如何以不同的方式与你的孩子互动？
- 读完本章之后，你打算……

第十一章

谁来照顾你

有时候我会安慰自己，话语像落叶般温柔，并时刻谨记自己照顾自己就足够了。

——布莱恩·安德烈亚斯

通常情况下，你不会意识到自己有缺水症状，直到你口渴了。研究表明，口渴就是你处于缺水状态的一个指标。常识告诉你，不管你感觉有无喝水的必要，无论在活动前还是活动中，一整天都要频繁地喝水，但我们许多人都是在感觉身体都干透之后才会喝水。

自我照顾也是同样的道理，很可能在你精疲力竭、疲惫不堪的时候，你才会考虑到要好好照顾自己。

章节概览

很多妈妈都忙于照顾他人，很少想到照顾自己。这种根深蒂固的行为代代相传。年轻女性在这种环境中长大，将自己照顾他人的角色铭记在心。结果，许多妈妈不顾及自己的需要，因为她们认为自我照顾是自私的，这种想法已经扎根在她们的骨子里。自我照顾不是自私，恰恰相反，它是无私的。空乘人员告诉妈妈们，先戴上自己的氧气面罩，再帮助孩子戴上,而这一建议却与大多数妈妈的直觉相悖。自我照顾不仅重要，而且自己的健康幸福非常关键，毕竟自己没有的东西，你无法给予他人。

自我照顾的重要性

我和斯蒂芬妮接触得比较多，她有两个孩子。有一次，我问她："谁在照顾你呢？"她看着我，很茫然，似乎被我的问题难住了。她之所以会表现得这般惊讶，或许是因为我们谈话的重点一直是她的孩子而不是她自己。当斯蒂芬妮向我描述她的工作琐事和家庭责任的时候，我注意到她谈论的一直是她家人、朋友和同事的各种需要，对于自己的需要，她只字未提。

我再次问她："谁在照顾你呢？"过了一会儿，斯蒂芬妮回答："我想没有人照顾我，包括我自己。"她哭了起来，告诉我，一整天的时间里，她都没有一分钟的时间为自己想过，哪怕一次。斯蒂芬妮开始意识到，她越是疲惫，她的反应就越是过激，甚至会对着孩子大喊大叫。她看起来像一个战败的士兵，不知所措。有孩子之前，斯蒂芬妮曾发誓绝不会效仿自己的母亲，变成一个习惯大声咆哮的妈妈。但如今，负罪感沉重地压在斯蒂芬妮的心头。她告诉我，就算她真的有时间，她也认为把自己的需求放在第一位是一种自私的行为，这会让她产生更多的负罪感。

和许多妈妈一样，斯蒂芬妮把自己的需求置于次要地位。或许她也曾打算在未来考虑这些需求，但这个未来始终没有来到。我在工作中遇到过很多妈妈，她们总是为了满足他人的需要而忽略自己的需求。对他人的关注渐渐成了习惯，如此根深蒂固，以至于妈妈们经常忘了自己未得到满足的需求。直到她们精疲力竭，自身再没有能留给他人的东西，她们才意识到，少之又少甚至完全缺失的自我照顾带给她们自身的影响是多么深刻。

“自我照顾”现在已经成为一个热词，许多书都是围绕这个主题展开。这个话题已经被收录在市场上的许多自助类图书里，几乎成了陈词滥调。然而这种现象是有充分理由的。我们的生活如此忙碌，以至于真的没有时间来照顾自己。

我在研讨会上问妈妈们:“谁照顾妈妈们呢？”参与者常常大笑说:“没人照顾！”然而，事实是，妈妈们在照顾别人的同时，也可以成为自己的最佳照顾者。事实上，关于“谁在照顾你”的问题，妈妈们自己就是那个“谁”，尽管她们可能没有意识到这一点。妈妈们终究要成为照顾自己的那个人，因为她们心里最清楚什么能让她们重整旗鼓。正如斯蒂芬妮发现的那样，除非妈妈们自己有意安排时间，否则永远没有机会照顾自己。

除了自己，再没人能意识到自我照顾的需要。因此，如果你每天还在等待别人主动给你时间来照顾自己，这种情况很可能永远不会发生。

没有人会帮你腾出时间照顾自己，除非你意识到它的重要性并把它放在心里的首要位置。

请听我讲完自我照顾的重要性，它对你自己、你家人的健康幸福至关重要。自我照顾是一种爱自己的行为，自我照顾需要你向自己敞开心扉，不带任何批判和罪恶感。

自我照顾是一种充满爱的行为，或许这于你而言是一个全新的概念。想想过去一个月你为自己做了什么，记住，不是为他人，而是为自己。给自己这份自我照顾的礼物之后，你的感受如何？也许你注意到自己轻松了一些，而不是被责任压得喘不过气来。有些向我咨询的妈妈说，为自己做了一些事情后，她们对孩子更能敞开心扉了，也更爱孩子了。你所欣赏的东西自然也会被他人欣赏，这是一条不言自明的真理。

治疗师阿里·米勒曾表示，自我照顾是“一种对自己的态度，重视自己，重视自己的需求……当我们真正相信对自我的重视的重要性时，我们就想要照顾我们自己……但若是你现在还不相信这一点，练习自我照顾能帮助你和自己建立一种更有爱、更友善、更体贴的关系”。自我照顾有很多好处：

- 自我照顾让妈妈成为更好的妈妈和照顾者。
- 自我照顾向你自己传递了一个信息——你很重要。同时也向家人传递了“你的需求很重要”这一信息。
- 自我照顾能减小压力。
- 自我照顾能保持、改善身心健康。
- 自我照顾能帮你重新和自己建立联结，倾听自己内心的声音。
- 自我照顾能帮助你活得自在。

· 自我照顾能帮助你养精蓄锐。

当妈妈缺乏自我照顾时

梅根是 3 个孩子的母亲，孩子的年龄从 5 岁到 12 岁不等。一天，她走进我的办公室，看起来无精打采。她说孩子们争吵不断，让她几近崩溃。梅根有一份全职工作，也经常出差。她说生活还算不错，唯独 3 个孩子的行为让人头疼。谈话快要结束时，我问她白天是否给自己留出了时间。她笑了起来，说："谁有这个时间？我当然没有！"梅根又很快补充说，孩子和事业已经让她忙得不可开交，她觉得没有必要再从自己身上找点事儿，哪怕是她的确有这个时间。然而，她告诉我说，她每天晚上都很累，有时想晨练，但各种琐碎事务让她累得喘不过气。等到她终于送完孩子上学，到达办公室（经常很晚）的时候，面对繁忙的工作，她的胸口总是绷得紧紧的。

为了帮助梅根缓解压力，我建议她在叫醒孩子之前，给自己留出 10 分钟的冷静时间。梅根并不认同我给出的建议，因为她说她能找到额外时间的唯一办法就是早起 10 分钟。她大喊道："每天早晨闹钟一响我就已经累了，所以我需要时间睡觉！"当我暗示这一小小的改变能改善她孩子的行为时，她的兴趣立即就被激发了。我花时间查看了梅根繁忙的日程和事务，找到了一些办法，精简了她晚上的待办事务清单，这样她就能早点睡觉，早上也就能早起 10 分钟了。

梅根非常热衷于这个新计划。她决定把晚上的一些杂务适当地分给丈夫和孩子们。虽然一开始他们很抗拒，但还是慢慢地开始按计划行事，帮助梅根处理一些琐碎家务。孩子们在晚上把第二天要带去学校的零食和书包放在一起，整理好自己的房间，丈夫也主动分担洗碗的任务。梅根不确定他们帮忙的意愿能持续多久，但我鼓励她把这当成一项实验，过一段时间她才能评估这个计划的有效性。她同意尝试两个星期。

接下来的一周，梅根参加了我的一个育儿研讨会。她高兴地和大家分享了她的好消息：实验成功了。仅一周之后，她就感觉自己平静了好多，孩子的行为也显著地改善了！在研讨会上，她和大家分享了她是如何通过让家人分担晚间家务，并给予自己早晨10分钟的冷静时间，从而在家庭中创造了一种平静的氛围。她利用这段时间阅读、听音乐或者到院子里逗逗鸟儿。由于在每天的开始就设立了平静的基调，她会有意识地在一天中创造其他平静的时刻。

当初梅根不知所措，于是把孩子们的行为视为根本问题，密切关注着。其实不只是她这样做，很多人都习惯于责怪别人而不从自身找原因，这是人类的本性使然。我们总是很容易地认为孩子的行为是这种问题的根源。当然，孩子们也会哭闹、打架，但你有没有注意到，当你身体疲惫、头昏脑涨时，孩子们就会开始采取相应的行动呢？当你需要他们好好配合以便打发漫长的一天时，他们偏偏选择违抗你、不服从你。你甚至认为孩子做出种种行为就是为了针对你个人，认为他们是在借此报复你。事实上，孩子就像海绵一样同时吸收了我们的正能量和负能量。我时常把他们比作家里的小小晴雨表，一举一动都显示出妈妈的情绪、精力的起伏。我解释说，梅根的孩子并没有给她带来压力，反而是她自己由于劳累崩溃而反射出来的心里不平衡，让孩子做出相应的反应。

当你达到平衡状态时，你的孩子也更可能达到相应的平衡状态。

妈妈的需求是可以与丈夫和孩子的需求共存的。平衡是通过有意识的计划和考虑每个人的需求而创造的。自然情况下，给予和索取应该并举，或者处于更理想的状态。同样是一天的时间，某个家庭成员可能会比其他人受到更多的关注。例如，如果孩子生病了，你就要花更多的时间来满足他的需求。在某些日子里，父母一方缺席了，就得有人不得不承担额外的责任来填补空缺。但这些都应该只是例外的情况，而不能成为固定下来的规则。一般来说，你应该把责任进行分解，这样你才能一方面满足家人的需要，另一方面也保证自己的需求。

深入评估自己的情感、精力水平是进行自我照顾的最好办法。每天的自我照顾能够提高你管理情绪压力的能力。这样一来，倦怠感就会大大减轻。下次，当你累了或者沮丧了，提醒自己正是需要休息的时间了，就像一场比赛的中场休息，而我更愿意称之为“休假时间”。

自我照顾就如同给自己放一个假，从自己做起，身体上、情绪上都借机好好放松。情绪健康和身体健康同等重要，研究表明，情绪状态直接影响到我们的身体健康。我所说的情绪健康并不仅仅指的是情绪状态，还有信念和思想。忙忙碌碌的时候，你是很难发现自己的信念和想法的。挖掘内心微妙的想法和信念的最佳办法是让自己停下来，静下心来，深入挖掘，让自己和心灵接触。

我从专业角度和个人角度观察，发现如果妈妈们缺乏自我照顾，通常会受到有害影响，常见的不良后果是疲劳和茫然。一旦忽略自我照顾，妈妈们的身体和情感都容易“生病”，直到这时，妈妈们才会被迫集中注意力到自我照顾上。医学博士克里斯蒂安·诺斯鲁普是女性健康领域的权威专家，她在纪录片《渴望改变》中说道：“如果我们的自爱行为能够普及，那么医疗成本无疑会大幅下降。”

当你不断为别人付出的时候，有没有想过给了自己多少？有哪部分是你真正留下来和孩子分享的？（衡量标准不是你为他们做了多少或给了他们多少，而是你在这段亲子关系中的表现如何。）你是否分享了自己最好的一面——你的耐心、善良和同情心？或者，你发现孩子看到的，只是一天结束后你留给他们最后的印象——沮丧、消极和武断？这就是一天结束后，你所剩下的一切，只因为你没有花时间给自己的情绪充电（通过放松，重新连接自己）。当你超负荷运转了一天又一天，不断为他人付出，甚至难以跟上日常的生活节奏时，你还能让自己放松吗？我遇到过很多儿童和青少年，他们告诉我，他们只是希望自己的父母能够开心。他们抱怨说父母大多数时候都是“压力山大”，看起来十分沮丧。难道，这就是你想让孩子从你身上感受到的东西吗？

委屈自己而成全他人的另一个危险便是易生怨恨之情。当妈妈们感觉到自己为家庭付出了一切，却“被视为理所当然或者不被感激”时，她们往往用“看看我为你做的所有一切，你怎么能这样呢？”来回击孩子。孩子们常常为这个问题所困惑，在他们看来，他们并没有要求妈妈为他们做所有的事情。

我也观察到一些妈妈对生活，包括对孩子、家庭、丈夫甚至她们自己已经麻木。乍一看，她们似乎都很好。她们描述着每天奋力前进，为家庭做出所需之事，但她们只是在完成任务，并没有从中感到快乐。一些妈妈告诉我，她们感觉自己已经和生活脱节，对生活感到麻木甚至冷漠，她们常常怀疑自己是不是开始抑郁了。

缺乏自我照顾和抑郁之间的确有联系。有时，缺乏自我照顾会使人表现出抑郁的症状，甚至导致抑郁症。我接触过一些妈妈，她们怀疑自己有抑郁症。她们描述了偶尔出现的抑郁症状，但实际上都只是迷失和不确定的感觉，她们甚至不确定自己是否还想当妈妈。

也许你没有经历过类似感受，但如果你的焦点一直是委屈自己为他人付出，你可能会感到情感枯竭。在我的工作中，那些总是把别人的需要放在自己之前的女性，都普遍有这种现象。这不是新出现的现象，但如今，妈妈们更多地表达出她们的沮丧、疲惫和失落。多年前，女性倾向于把自己的感受藏在心里。我必须再次强调，只关心孩子而忽略自己只会适得其反。妈妈们应该在照顾自己（包括给自己设定界限）和照顾孩子之间寻求平衡，为所有人创造一个健康的平衡点。

把自己的需求置于最后，带来的问题是你不能意识到什么时候需要自我照顾。当你意识到自己的迫切需要时，你的能量储存已经消耗殆尽了。

如果电池电量被耗尽，再想把电充满就难了。你不会等到电量完全耗尽后再给电池充电，这个道理用在自己身上也是一样的。一个精疲力竭的妈妈，就如同一块消耗殆尽的电池，不起任何作用。当你精疲力竭的时候，可能对孩子更没有耐心，也更倾向于做出严厉的反应，而不是充满爱意地回应他们。事过之后，你可能对自己的暴躁感到懊悔、内疚。

下次发生这种情况时，提醒自己电池电量已低，要求自己充充电。自我照顾，不仅能改变你的情绪反应，也能为自己提供情感支持。

妈妈的不良情绪会影响整个家庭。我曾问过孩子们，如果能够改变家庭的任何方面，他们最想要改变的是什么。许多孩子对妈妈的高压力状态表示不满，大多数都说他们希望自己的妈妈能够适时放松，享受更多的乐趣。可以说，这些孩子都懂得注重生活中真正重要的事情。

当时间有限，面对花时间陪孩子还是完成待办任务的选择时，你会怎么做？大多数妈妈会尝试在最短的时间里承担最多的责任，孩子一睡觉就加倍努力工作。其实，孩子并不关心房子整洁与否，也不在乎衣服洗好了没有，他们只在意心情放松和他们共度欢乐时光的妈妈。下次，如果孩子请求你和他们一起玩的时候，请一定要答应。玩耍有创造快乐、加深联结和增进关系的力量。这样，你会向孩子传递这样一个信息：他们很重要。当你和孩子玩耍的时候，你是在练习自我照顾的本领。玩耍能提高体内的内啡肽（一种让人感觉良好的激素）水平，并帮助你冷静下来。

为什么自我照顾如此艰难

大多数女性，特别是妈妈们，都有意无意地制造各种理由和借口为忽略自我的需求辩护。许多妈妈拒绝我的建议，不愿把自我照顾纳入她们的日常生活。一些女性自我认知的第一身份就是妈妈，她们很难将焦点从孩子的需求上移开。虽然她们的第一反应各不相同，但主题是一致的：“我没有时间也没有精力考虑自己。我能做的只是满足孩子的需求，更不要说我的了！”或许一天结束的时候，她们希望能有属于自己的几分钟。但是当她们终于挨到上床睡觉的时候，她们已经太累了，除了赶紧睡觉，以便第二天早上继续让生活的跑步机运转起来之外，她们没有时间考虑其他事情。许多妈妈的生活就是在连续不断的跑步机上度过的，她们只有在全然没了力气之后才会停下来，或者说摔下来。这些妈妈们精疲力竭，茫然不知所措，却又不知如何改善自己的生活。

自我照顾对妈妈们来说总是困难的，因为在她们看来，把自己的需求置于孩子之上是一种自私的行为。我提醒她们，淋浴的时候，她们是在自我照顾；晚上睡觉的时候，她们也是在自我照顾。对这一观点，妈妈们很犹疑，但她们坚持认为除了满足自己的基本需求外，任何事情都是放纵。

遗憾的是，妈妈们混淆了自我照顾和自私。自我中心和自私意味着不会照顾他人，而自我照顾，除了在身体上、精神上照顾自己，也不排除照顾他人。

自我照顾从来都不是自私的行为——它只是对我所拥有的唯一礼物的悉心照管，这是一份我来到世上要奉献给别人的礼物。任何时候，我们都应该倾听真实的自我，并给予它所需要的关爱。我们所做的一切不仅是为了自己，也是为了那些与我们息息相关的人。

——帕克·帕尔默《与自己对话》

即使妈妈们意识到了自我照顾的重要性，似乎也很少付诸实践。她们有心将自我照顾纳入日常生活中，却还是经常把自己的需求置于最后。妈妈们常告诉我，如果她们只有 5 到 10 分钟的时间，非常紧迫，那又何苦麻烦呢？然而，就算每天只有几分钟的时间照顾自己，也总比没有的好。

回想一下，有一次你只花了一分钟的时间欣赏美丽的云朵，或观看海浪波涛，或笑着看一只小狗追逐着自己的尾巴，你注意到之后自己有什么变化吗？有可能只是停下来一分钟做一些不需要思考的事情，就能给你带来平静和快乐。

大多数妈妈的日程表都排得满满的，她们为忙碌所困扰。忙碌让人上瘾。一些非常忙碌的妈妈告诉我，她们难以想象如果自己不忙，生活会是什么样子。她们似乎从疯狂的日程表中获得了快感，忙完这事儿，又开始那事儿。我认识一对母女，她们的日程表排得过满，完全是超负荷运转。她们每天至少有 5 项活动，其中大多数都是女儿的事情。她们没有放松的休息时间，妈妈也没有时间照顾自己。这个妈妈非常焦虑，告诉我说她的女儿也表现出焦虑的行为。当我向妈妈表明她们的活动太过紧凑的时候，妈妈说这样的生活节奏对她和女儿都很重要，因此她不愿意做出任何改变。然而，如果这位妈妈选择把自我照顾放在首位，妈妈和女儿就都能找到空闲、安静的时间，哪怕她在送女儿去上芭蕾课的路上，能在红灯之前停一停，都可以减轻她们的负担。

无论你是全职妈妈还是全职工作者，生活总会很忙碌。一旦你默许，忙碌总是会占上风。直到你仔细审视自己的一天，减少自己的日程安排，勇敢地放慢脚步，你才会找到必要的时间来满足自己的需求。

我常常听到那些忙碌到几近疯狂的妈妈们说，她们已经被忙碌淹没，喘不过气来。她们的责任成倍增加，使得她们筋疲力尽，不堪重负。然而，一些妈妈又告诉我，她们害怕突然停下来，没有任何事需要做，这时，一些乱七八糟的想法就会浮现在脑海里。她们害怕审视自己的想法和感受，因为她们担心审视的结果是她们不愿看到的事实，于是她们刻意逃避这些想法，好让自己感到相对安全。但是，逃避自己总会要付出代价的。发现内心的真正自由很重要，但更重要的是发现内心的恐惧。花时间自我照顾和自我反省，对于自我心理慰藉和改善生活处境都有利处，而逃避则会让事情更糟。

什么是自我照顾？——是为了自己

> **自我照顾不是在你的待办事项清单上再添一项任务，而是和自己培养一种更友善、更温柔的关系。**
>
> ——蕾妮·特鲁多

自我照顾是自爱的一种表现形式。除了避免情绪发泄，大多数人也倾向于沉默地自我冥想，任各种各样的想法在脑子里一圈又一圈地循环，最后往往陷入精神的阴霾中。然而，当你让自己在沉默中放松时，情绪会开始好转。在这片安静的区域里，你更能感知自己的感受，更能理解自己的需求。当然，这需要时间和经常性的练习。当你真正接收到自己的感受和信念时，你就能做出有益于自己的选择，有意识地选择能帮助你更轻松地生活，因为这样，你的身心、思想就会合二为一。当你内外一致时，你不仅会感到平静，你身边的人也会受到感染，传递这份平静和正能量。这种内外皆静的统一对自我照顾是很有必要的。没有人比你更了解自己的需求。然而，你必须花时间自我反省，才能决定哪种类型的自我照顾是最适合自己的。

有些情况下，你可能无法照顾自己，例如，单亲妈妈、经济拮据的妈妈、丈夫不体贴的妈妈、家务繁重却没有雇保姆的妈妈，等等。尤其是有多个孩子或者孩子有特殊需要的妈妈，她们很难找到时间照顾自己。然而，在我和妈妈们接触这么多年的时间里，我可以证明那些开始想要照顾自己的妈妈，终究会找到合适的方法。起初，自我照顾的时间可能只有 2 分钟，但就在这短短的 2 分钟内，她们创造了一种自我照顾的仪式。自我照顾成了她们的头等大事。她们极力捍卫自我照顾的时间，因为她们知道这对于她们的身心健康是多么重要。当金钱无法满足自我照顾的需求时，妈妈们找到了更简单的方法来照顾自己。比如，等孩子睡觉了，来一次泡泡浴，这在某种程度上也是奢侈的享受，为营造一个轻松的夜晚奠定了重要基础。

捍卫自我照顾时间的妈妈们也意识到了，自我照顾给孩子的情感和行为带来了积极影响。自我照顾的连锁效应是巨大的。自我照顾是妈妈送给自己的一份礼物，同时也给家庭带来相应的积极影响。

所以，现在让我们来谈谈你家庭的需求，以及它们怎样才能与你的需求共存。我们假定你每天都没有空余时间来满足每个人的需求，那么你需要找到创造时间的方法，同时确定自己的需求。没有人能读懂你的心思，只有你自己才能确定这些需求。写下你最基本的需求，然后再加上其他任何你想要囊括的需求，尽管你或许不能每天都满足这些需求，但有一个需求的愿望清单供自己选择总归是好的。

我邀请你从现在开始关心、照顾自己，并努力为自己做这件事。如果你发现自己抗拒这个想法，我会提醒你不照顾自己的后果就是照顾别人的能力下降。自我照顾这件事必须从自己做起，你会为自己和家人都建立更深刻的联结。

你所能拥有的最强大的关系是与自我的联结。

——史蒂夫·马拉博利《生活，真理和自由》

除了计划好的或者随机的自我照顾外，我同样要督促你停止脚步，放下手中的忙碌。停止你眼下正在做的事（是的，即使是你在读这本书的时候），慢慢地做三次深呼吸（用鼻子吸气，嘴巴呼气，深呼一口气直至你的腹部）。当你这样做的时候，你可能会立刻注意到一个变化——当你让自己的大脑休息时，你送给了自己一份平静的礼物，你会感觉更好。

日常练习

当你把时间和精力都集中在满足他人的需求上时，你就没有多少时间关注自己了。记住，你不能给予别人你自己都未拥有的东西。

请写下你对以下问题的看法。

- 你最近一次考虑自己的需求和欲望，并不为此感到内疚是什么时候？
- 如果你每天能留出 10 ~ 15 分钟的时间给自己，你准备如何度过这段时间？请列出 5 种犒劳自己的不同方法。
- 对于“自我照顾是一种自爱的行为”，你有什么想法？
- 你认识懂得自我照顾的女性吗？描述她们是如何照顾自己的。你能看出她们从自我照顾中收获了哪些益处吗？（可以给其中的一两位打电话，详细聊一聊。）
- 你曾向别人寻求过帮助吗？如果没有，是什么阻止了你？如果有，你得到了什么样的回应？
- 你通常如何度过你的一天？完成以下内容。画出一个两列的表格，第一列题目为“我要做的”，第二列题目为“我想做的”。仔细研究这张表格，然后从“我要做的”一列中删除一项。然后看看列表中留下的空白，或者说一天中的额外时间，你有什么感受？尝试着用“我想做的”事项填补这些空白。

- 在接下来的一周里，花时间做你想做的事情。条件允许的时候，可以自由地改变活动内容。把这些活动交叉在一起，玩得开心！

- 为了继续坚持做自己想做的活动，你需要什么条件呢？

- 现在看看“我要做的”列表，选择 3 项你能够委托给家人的事项（记住，让孩子承担责任能够促进、教导他们成为负责任的个体）。现在你已经减轻了“我要做的”列表负担，你还可以向“我想做的”列表上增添什么呢？

- 为了每天给自己创造额外的 10 ～ 15 分钟的时间，你需要哪些条件呢？

- 列出你认为能从自我照顾中收获的 3 方面益处。

- 找个安静的时间停下来，做 3 次腹式深呼吸，写出下列问题的答案：

  我现在感觉如何？

  此时此刻我的需求是什么？

  我能满足自己其中一个需求吗？

  知道这些后，我打算……

第十二章

认真聆听，你将获悉一切答案

头脑无法解释的事，你的心知道。

——佚名

我握着浴室门的把手，心里十分清楚我爸爸就在里面，他一定是出什么事了。我不停地敲门，但同时有个声音——我心里的一个声音，在跟我说："不要开门。"于是我跑去找到妈妈，对她说："爸爸走了。"直到今天，我当时的措辞仍然萦绕在心头。那天的情景历历在目，浴室事件前的一个小时，爸爸下班回到家，他打算换了衣服后，帮我启动割草机。但他没有回到院子里来，于是我上楼去提醒他。可是我到处都找不到他，直到我发现浴室的门是关着的。当我妈妈终于把门打开时，她发现我的爸爸，年仅44岁的爸爸，死于急性心肌梗死。虽然我因为自己当时没有打开门而愧疚，但我也知道自己那时肯定不会去打开那扇门。事后，医生也对我说，即使当时我打开了门，也已经太迟了。当时的我，清醒地意识到，我不应该看到爸爸离开的样子——这不应该是父亲留给我的最后的记忆。

当我 16 岁的女儿说她要去朋友家过夜时，我知道她在对我说谎。但我仍然希望自己信任她，于是我同意了。我内心有个声音告诉我，给她朋友的父母打个电话，但我没有这样做，因为我不想让女儿觉得我不信任她。但是，第二天，我接到电话，被告知在昨晚的聚会上有未成年人饮酒，我的女儿也是其中之一。

我还提前一天知道了我小女儿怀孕的喜讯，在她正式告诉我之前。因为我一直希望可以拥有一个可爱的小外孙，所以即使我认为她怀孕了，但仍然怀疑是不是自己内心的想法导致我有这种错觉。直到她第二天告诉我，她确实怀孕了，我当外祖母的梦想是真真实实地实现了！所以，直觉有时是准确的，只是我们可能直到事后才意识到而已。

多年前，我作为一名儿科护士的工作经历证实了我对直觉的信念——尤其是作为母亲的直觉。母亲的直觉通常都没有让我失望，所以我也尊重其他母亲的直觉。我曾经在诊所遇到一位母亲和她 15 岁的女儿，她需要参加体检。这位母亲问我是否可以看看她女儿背上的痣。虽然我并没有特别担心，因为这颗痣看起来大小和形状都很正常，也没有色素沉着的变化，但我还是找来了皮肤科医生对痣进行评估。我这么做的唯一原因就是，那位妈妈对我说："我总感觉有些不对劲。"

根据我的临床判断，我认为这颗痣是不会癌变的，我本可以完全相信自己的知识和经验。然而，我内心深处的声音告诉我要听从这位母亲的直觉。最终证明，请皮肤科医生进行诊断是对的。这位 15 岁的女孩被诊断出患有黑色素瘤——对这么年轻的女孩来说，这肯定不是常见的案例。幸运的是，她的疾病在早期就被发现了，她幸存了下来。而这个让人觉得幸运的结果，都归功于母亲的直觉。所以，我总是告诉我从事医务工作的同事们——如果一位母亲对她的孩子有一种直觉，请一定要仔细倾听。

直觉是什么？直觉是“不需要有意识地推理就能立即理解某事的能力”。直觉通常被称为“第六感”。我们用来感知或感觉的另外五种感官是听觉、视觉、味觉、嗅觉和触觉，我们每天都依赖这些感官来认识世界。“第六感”却很少被提及。

诗人、哲学家、《聆听的力量：7000 种聆听的方式》的作者马克·尼波说：“我们思考、感受和感知未知事物的方式是直觉的艺术。”这是一门发现的艺术。他补充道：“直觉意味着观察，从内部指导，通过直觉理解或学习。”每个人都有直觉的能力，但很少被开发。因为这种能力不像其他五种感觉那样容易被识别，所以它很少被提及——而且有些人完全不相信直觉。但是，我们都是有直觉的人，当我们集中注意力的时候，我们可以获得更多洞见。而我相信，母亲是知道得最多的。可是，为什么她们会忽视自己的内在认知呢？

头脑的直觉是宝贵的天赋，理性的思维是忠实的仆人。可惜我们创造了一个只尊重仆人而忘了天赋的社会。

——佚名

因为直觉是无形的，我们经常低估它的有效性。作为社会中的人，我们更多地在意自己的头脑，而不是内心。有些人认为直觉是更低等的感官认知，就像动物天生会叫一样，所以不需要被讨论。即使你承认确实存在直觉，也很有可能把它当作一个巧合而不予理睬。想想看，有多少次你忽略了自己内心的信号？你可能有一种本能的感觉或者内心的挣扎。同时，生活的干扰也很容易分散你内心的认知。此外，大多数人都很有可能还没有磨炼出自己的直觉能力。繁忙的日常生活和缺乏对直觉的认识，让人们更容易忘记它。

《直觉疗愈》的作者、精神病学家朱迪斯·欧洛芙博士说："母亲的直觉，是母亲与孩子之间深深的血缘纽带。"长久以来，母亲们已经意识到她们与孩子之间的直觉联系。最近，有研究报告称，母亲的血液和大脑中确实含有子女的DNA，这些DNA在母亲的大脑中可以存在几十年。我很好奇，这种现象是否会增强母亲和孩子之间的直觉联系？它能促使他们之间心意相通吗？能提高母亲的直觉能力吗？

你是否记得自己忧心忡忡地带着孩子去看医生，却被告知他们很好？其实，你知道孩子并不好。也许你离开医生办公室时总觉得有哪里不对劲。于是，当你决定第二天再去看医生，而医生真的证实了你的怀疑时，你并不会因此感到惊讶。儿科医生迈克尔·霍华德有30多年的从业经验，他举过一个例子，一位母亲救了她儿子的命。霍华德医生根据检查结果和实验室检查报告，告知这位母亲她的儿子一切正常，但这并没有打消这位母亲的担心，她始终认为她儿子的身体出了问题。幸运的是，这位母亲依照自己的直觉，坚持在一个月后又把儿子带到了医生办公室。随后在进一步的医学检测中发现，这个年仅6岁的小男孩患有白血病。著名医学杂志《柳叶刀》引用了一项研究表明，医生应该密切关注母亲的直觉。欧洛芙博士支持这项研究，并声称自己在临床工作中明显发现了母亲直觉的有效性。

亚利桑那大学的心理学家维克多·沙马斯博士也认识到母亲直觉的重要性。他把直觉看作“不知道你是怎么知道的，却又确实知道的一些事情”。沙马斯博士说：“我不敢说作为母亲都会增加自己的直觉能力，但是很难否认母亲和孩子之间的直觉联系。”

人的心能感觉到眼睛所看不见的和头脑所不能理解的。

——罗伯特·瓦内特

无论你把你的认知称为直觉、内心、感觉，或者无意识的知识，毋庸置疑，你都拥有这种能力，你需要做的，就是注意自己头脑中那个小小的声音。

作为母亲，要会利用我们所拥有的资源来为自己和孩子做出各种选择。在确定了信息和资源之后，我们可以利用自己的直觉智慧，看看什么适合自己和孩子。许多母亲习惯于向外界寻求答案，或许是因为她们认为别人比自己懂得更多，也可能是她们需要寻求认可。但是请记住：你的直觉就是一种强大的资源，你随时都可以得到它。《绿野仙踪》中善良的女巫甘林达提醒多萝茜：“你一直都拥有这种力量。”你也一样。当你学会相信自己时，你就不再需要依赖他人的认可，不再认为他人的意见比你自己的更重要。你可能仍然会寻求外界的指导，但最终你会做出适合自己和孩子的选择。学会依靠直觉的母亲通常会感到更轻松自如，因为相信自己的直觉，会让她们感到强大和自信。尽管母亲的直觉不像童话里女巫的水晶球那样能给出一个肉眼可见的结果，但它能让母亲有信心地说出：“基于我当时的感觉，我做出了正确的最佳决定。”

日常练习

- 你对直觉有什么想法？你相信它吗？
- 你是否有过一种挥之不去的感觉或想法，让你不得不故意忽视它？如果它真的被忽视了，结果如何？
- 自从成为母亲后，你的直觉能力有改变吗？有哪些改变呢？
- 作为母亲，你的直觉是如何帮助你的？
- 请回想一下，你是否曾有一次跟随了自己的直觉？结果如何呢？
- 回想一下你忽视直觉的时候。你后悔了吗？为什么？

听从内心

每个人都拥有直觉能力，但你可能没有使用它。培养直觉和去健身房锻炼有些类似。我们通过锻炼身体来增强自己的肌肉，增强直觉也需要练习。当然，它还需要我们愿意接受自己的直觉：当你觉得某件事不太对时；当你要做决定却有一种不安的感觉时；当你突然想打电话给某个朋友，结果你的这位朋友正巧打电话给你时……以上种种，都是直觉的信息——你内心的声音正在试图吸引你的注意力。

集中注意力的最好方法是保持安静。每天花点时间保持安静。哪怕你的日程十分繁忙，只能抽出 5 分钟，也没有问题。请从电子产品中稍事休息一下（拔掉电话线、放下手机、关掉电脑），让自己不被打扰。保持安静，冥想或静坐，你也可以散散步、仰望天空，或者洗个澡。我的直觉时刻经常发生在淋浴时，这时全世界只有一种声音——水声。但如果我洗澡的时候听音乐，我就会错过那些直觉信息。采取何种方式不重要，只要能够放慢你的思维，打开你的心扉。当你能够排除生活中的干扰，放下感官和大脑中的杂念时，你内心的智慧就会出现。也许最开始你进行尝试的时候，你的思想会持续在大脑中盘旋，你的大脑就像一只活泼的猴子，不停地上蹿下跳。这时，请你保持缓慢呼吸，把思想想象成天空中的云，慢慢地从你身边飘过。随着每一次缓慢、放松的呼吸，你的大脑就会慢下来。

“直觉”的英文是 intuition，字面意思是向内学习。我们大多数人都没有被教导过如何使用这种感觉，但我们都多少有过一些“直觉”。学会相信你的内心，这种感觉会变得更强烈。不要违背你所做出的更好决定，也不要担心别人认为你的感觉不对。

——多伊·赞塔玛塔

你的身体其实整天都在给你发送信号，请留意这些信号。喉咙、胸部或腹部的紧绷感可能就是信号。当你的呼吸短促或心跳加速时，这可能是需要你慢下来的信号。也许有时，你觉得不知所措，这或许是你的身体试图告诉你，在做决定之前需要放慢速度——你即将做出的决定可能并不能让你的利益最大化。

当我的身体超负荷运转，我的脑子被太多事务塞满，但又试图完成下一个任务时，我的身体就会和我说话——通常是用生病或受伤的形式。也许你还记得，在某些时候你收到了那些要你慢下来的内在信息或提醒。然而，你依然觉得有必要推动自己继续前进，即使冒着损害健康的风险。也许你觉得如果不履行自己的承诺，你就会让别人失望（即使你所承诺的任务量已经超负荷）。通常要到事后，你才会意识到，你的身体其实一直都在给你发送信息——起初是一种耳语，当你选择不听时，内心的声音变得严厉起来，也许你仍然选择忽视或不听从，因为你对自己的直觉仍然有所怀疑。其实，如果你的内心刚发出温和的信息，你就选择接受，那么它们就不会转变为严厉刺耳的信息了。但无论是哪种方式，你的直觉都在努力地吸引你的注意力。

直觉指导是不会建立在恐惧之上的。如果你发现自己的行为是出于恐惧，很可能是你的大脑启动了某种机制，让你产生了恐惧的想法。你内心的声音可能在说：“不能那样做！你疯了吗？”你的自我——你内心的批判者，希望你保持逻辑性、保持理性、走安全的路，即使你的内心是不同的想法。

我最近看到这样一段话：

“也许我们在这里是为了疯狂、热烈、无畏地去爱。”内心在轻轻吟唱。

“你会害死我们的！”大脑却在号叫。

你的大脑经常生活在恐惧中。所以，请学会相信你内心的直觉。

你的直觉每天都在对你说话，但它的声音经常迷失于生活的嘈杂中。找到直觉的唯一方法就是安静下来。直觉的声音可以成为我们一生的向导，但前提是，我们愿意倾听。否则，我们可能每时每刻都在盲目地做出选择。我们在自己的生活中扮演着重要的角色。我们有能力收集世界给我们的信息，并做出明智的决定——直觉会帮助我们。

日常练习

这里有一些提示和技巧可以帮助你培养直觉：

- 相信你自己——你知道事情的答案。
- 慢下来，放松，呼吸。
- 注意你内心的想法，以及你身体可能发出的任何信号。
- 移动你的身体，帮助能量从你的大脑转移到你的身体。
- 寻求指导，保持耐心，并倾听。
- 现在，你知道了这些，你打算……

相信你的直觉是需要勇气的，但是只要你习惯听从自己的直觉，你就会越来越相信它。一旦你学会相信自己的直觉,你就学会了相信自己。你会发现，作为母亲，你开始相信自己，更多地依靠自己来解决问题，而不再依赖他人。你会开始更加轻松自在，感到更加有能力，平静而自信。没有人比你更了解你的孩子。这时，你将开始真正体会到作为母亲的乐趣。

愿你在为人母的过程中，充满勇气、平和与喜悦！

附

录

实用育儿技巧

在忙忙碌碌的生活中，我给你以下建议，从而帮你记住，保持一颗勇敢的心是多么重要。

自我反思

成为母亲，就开启了一段全新的人生旅程。希望我们每个人都能享受自己的每一天，并开心地面对生活给我们带来的宝贵经验。

· 反思生活的价值在于，你能够根据过去的经验做出有意识的选择和决定。自我反思给予了我们机会来决定什么是最适合当下的有效方法，并为我们指引改进之道。

· 每一天，你都可以选择向世界展示什么样的自己。当你关注和反思你当下的生活时，你会更容易地在问题苗头初现时就解决它。

· 当你集中注意力——真正地集中注意力——你就能有意识地选择最适合你和你孩子的方法并付诸行动。

看清楚：抓住机会，睁开心灵的眼睛

- 想象一下，如果你能通过温柔的眼睛看待自己，接受自己本来的样子，你的生活，你的每一天，将会有多么不同。
- 当你对自己吹毛求疵的时候，你一定也很容易对别人吹毛求疵，尤其是你的孩子。自爱始于认识到自己的善良——尊重现在的自己。
- 温柔的眼睛可以让你看得更清楚，可以让你放下无意识的假设和判断，深入你的感知，让你了解自己的孩子究竟是什么样的人，他们是他们自己，并不非得是你所期盼或认为的那样。
- 你对孩子的希望和梦想可能是有益的，但它们必须植根于现实。追求完美往往源于对自己和他人不切实际的期望。请放弃完美，你才能为真实的自己留出空间。

用爱陪伴孩子成长

- 认可孩子的最好方法就是承认他们的感受。孩子有发言权，允许他们表达是很重要的。当你能够尊重他们是谁（而不是你想让他们成为谁），你就会让他们成长为他们应该成为的人。
- 你对自己和孩子的看法不应该一成不变，而应该根据情况随时变化。保持思想的灵活性能让你抛开某些根深蒂固的观念。
- 孩子通过重复的模式和习得的行为向父母学习，如果父母的视角是僵化的，孩子也会变得僵化。

· 积极的信息可以增强孩子的能力，提升他们的自我价值。就像在草地上种植的野花种子一样，它们会随着时间的推移而开花、蔓延。有时，哪怕是最小的种子也有可能开出最美丽的花朵。你传递出的信息将滋养孩子的心灵，培养他们的成长。

建立亲子联结

· 你的孩子是独一无二的。你坚持这样看待他们，必将有助于加强你们之间的联结。当你的孩子感到被你接受时，他们也更倾向于与你建立联结，无论以何种方式。

· 有些孩子会感觉与自己的父母没有建立恰当的亲子联结，这些孩子会变得抗拒父母的教导，也不容易接受父母制定的规矩。因此，传授父母智慧和改善孩子行为的关键就是父母与孩子建立健康的联结。当你的孩子觉得和你有联结时，他们会更愿意向你学习。当你和孩子的关系改善时，他们的行为也会改善。

· 建立联结并不意味着要抛弃规矩或不设限制。事实上，好的亲子关系仍然经常需要这些规矩。

· 爱是与孩子建立联结的第一步，但这还不够。你们还需要时间，找到专属于你和孩子的时间，这是格外宝贵的。

· 父母的影响力和亲子关系的紧密程度成正比。这种关系的建立不仅与你和孩子在一起的时间相关，还与你的调适能力相关——你能够多大程度地真正接受孩子，并且意识到他们的真正需求。

· 与孩子建立和培养联结不是一蹴而就的，而是终生的过程。

孩子是我们的老师

· 只要我们愿意，我们的孩子可以给我们带来很多很多的教益。

· 只要我们能学会从孩子的角度来看待我们每天与他们的互动，我们就能学会调整自己原本僵化的看法。

· 你的孩子不仅自己在成长，也给你提供了成长的机会。

· 孩子就像小小的镜子，他们反映出我们积极或消极的品性。

· 孩子会迫使我们质疑自己，让我们学会从不同的视角来看待自己的生活。

规范你和孩子的行为

· 帮助孩子冷静下来的最有效方法，就是先让自己冷静下来。父母的焦虑如果影响到你为孩子做决定，你会很快陷入孩子的“问题”僵局并难以自拔。不要让你做出的决定仅仅是为了平息自己的焦虑。

· 你不需要对自己孩子的行为负责，你只需要对自己的行为负责。

· 孩子向你挑战，迫使你成长为他们期望的并且需要的母亲——能够停下来，自我反思，并为自己负责的人，而不是为了自我感觉良好而需要孩子表现良好的人。

· 孩子都是感情丰富的小家伙，他们的情感表达非常自然——除非我们教他们不要这样做。你能教给孩子最重要的一课就是告诉他们如何对待自己的情绪。

教导的艺术

· 记住，孩子的行为并不是随兴而为，每种行为的背后都是有原因的。请透过孩子的行为来看待问题，而不仅仅是把注意力集中在如何解决行为问题上。

· 仅仅专注于孩子的行为并试图控制他们，对于孩子的成长并不会起到什么作用。如果你只关注孩子的“错误”行为，并设置规矩和纪律来限制他们的类似行为，实际上是在把问题严重化。

· 事情的后果很重要。生活会给我们安排各种各样数不胜数的后果。你的孩子自然会从这些后果中有所学习，这比他们从家长给予的教训或惩罚中得到的要深刻得多。但是，如果家长刻意创造一个不相关的后果而非事物自然的后果，这无法让孩子得到任何教益。

· 教导是门艺术，它需要反复实践。最好在你自己和孩子都心平气和的时候进行练习，不要选在彼此情绪激动的时候。在你得出结论或做出决定之前，请记得提醒自己停一会儿，让自己先冷静下来。

说出真相

- 学习说谎是孩子成长过程的一部分。他们通过观察他人如何说谎来学习——尤其是他们的父母。请记住：当你撒谎时，就是在教你的孩子撒谎。当你夸大事实时，你也在教他们说谎。你的孩子需要相信你说的是真话。孩子和父母在一起时需要感到安全，并相信父母说的是真话。
- 你有机会为你的孩子创造一个安全的环境，让他们学会说实话。在这样的环境下，他们会勇于承认错误并从中学习。这样也让你有机会创造一个勇敢说真话的家庭文化。
- 当孩子知道真相时，他们通常会感觉更好。孩子不需要知道事情的每一个细节，但要知道，如果你不告诉他们一些真相，他们很有可能在头脑中创造出比实际情况糟糕得多的"真相"。家庭秘密会破坏你们之间的关系，虽然这些秘密最初可能会让家庭看似和谐团结，但它们同时具备摧毁家庭的力量。
- 说出真相需要勇气。说出自己的真实想法也需要很大的勇气——你可以先对自己吐露真言，然后再学会对别人这样说。从短期来看，隐瞒真相确实要容易得多。然而，当你愿意和有勇气去面对真相时，你会获得更大程度的自由——充分展现真实自我和说出真相的自由。

教育是一个整体

- 如果你无法从过去的经历中走出来，你就很难在当下为人父母。因为人一旦处于情绪之中，所做出的反应和决定，几乎都是无效的。
- 你的勇气和意愿让你更加敏锐，让你可以在“未完成的工作”中钻研得更深入。这也有利于治愈你的情感创伤，并给你机会，让你与真实的自我重新建立联结。
- 教育是一个整体，意味着你要全身心地来教育孩了 你要成为比自己父母更优秀的父母。一旦你能让自己有所进步，你就一定有能力通过全心全意地培养，让你的孩子也有所进步。
- 你能给孩子最好的礼物之一就是调适自己的情绪，治愈自己的内心，这样的你将变得更加健康和完整，一如你刚来到这世上一样，纯洁快乐。如果你能行使好自己的权利，让自己保持初心，对你和你的家人来说，就是无价的礼物。

爱自己的艺术

- 自我照顾对你的生活来说至关重要，因为它关系到你和孩子的幸福。你拥有幸福，你才有能力把幸福给予你的孩子和他人。
- 除了你自己，没有人知道你需要什么样的照顾。所以，不要每天都等待别人给你自由和时间来让你进行自我照顾，你一定会失望的。没有人会帮你腾出时间，除非你自己意识到它的重要性，并把它放在首位。

· 你的需求可以与你的配偶和孩子的需求共存。平衡是通过有意识的计划和考虑每个人的需要而创造的。当你达到平衡时，你的孩子才有可能达到平衡。

· 如果一个母亲总是担心自己不够好，哪怕她真的表现优秀，她也无法认清。不断地反思自己认为做错了的那些事，只会侵蚀你的快乐和自信。

相信自己，相信内心

· 作为母亲，要学会使用好自己所拥有的资源，来为自己和孩子做出恰当的选择。在确定了自己所拥有的信息和资源之后，请使用你的直觉智慧，看清楚究竟什么才是适合你的。当你学会相信自己时，你就不再需要一味地寻求别人的认可，也不会再把别人的意见凌驾于自己的想法之上。

· 学会利用直觉的最佳方法就是集中注意力。你可以每天花一点时间，让自己的头脑和内心进入安静的状态。当你放下烦恼，排除感官的干扰和大脑中的杂念时，你就会发现自己内心的智慧。

· 学会相信自己内心的直觉。你的大脑经常陷于生活中的各种忧虑、担心或者害怕之中，但你内心的直觉不会。如果你发现自己的行为是基于害怕，很有可能是你的大脑做出的决定，因为它产生了恐惧的想法。

· 学会依靠直觉的母亲通常会让人感到更轻松。因为她们相信自己的内心世界，所以她们觉得自己充满活力和自信。虽然母亲的直觉并不像童话中的水晶球那样会显示出一个确定的结果，但它能让母亲们勇敢说出心里话——我做出了基于我当时感觉的最佳决定。

致谢

爸爸妈妈，感谢你们的爱和支持。因为有你们，才有今天的我，以及我今天的工作。我现在已经完全懂得，也明白你们用了全力。毕竟，没有人是经过培训再成为父母的。每个人只能向自己的父母学习。无论你们现在在哪儿，请相信，我爱你们。

我无法用言语来表达对帕蒂·韦勒霍尔的爱和感激。帕蒂是与我心意相通的姐妹和朋友，对我来说，她就像天使一样。你的回忆录《母亲的舞蹈》，给了我写作的勇气。在经历了各种各样的起起落落之后，你始终站在我身边，平静地说："你做到了，继续加油。"我敢肯定，我们曾经相遇，将来也会再次相遇。谢谢你，亲爱的朋友。

感谢我的编辑们——感谢你们在整个写作过程中给我的建议和支持。你们让我知道这本妈妈们都会需要的书，我是最适合的作者。辛迪·巴里鲁，你不仅教会了我写作的技巧，还教给了我很多人生哲理，对此我十分感激。艾丽·马斯·戴维斯，从我们在一起的第一周开始，每当我打算放弃的时候，都是你鼓励我："请继续写吧。"我喜欢和你一起工作，当我们即将完成最后的编辑工作时，你给了我一份最宝贵的礼物：和我分享了这本书是如何启发了身为母亲的你。你是这本书的第一位母亲读者，谢谢你。琳赛·桑德伯格，你真是个天才，让我感觉呼吸到了新鲜空气。你的建议都很有价值，而你的编辑工作简直天衣无缝。出版社的编辑们都很善良——你也是。对于你的善良、你的建议和你的专业知识，我都表示感谢。本·伯恩斯坦，如果没有你的鼓励、指导，没有你向我介绍出版社，我不确定这本书是否有机会打动世界上这么多的母亲。谢谢你，我的朋友和同事，你的善良永远激励着我。感谢伊冯·亨特对我的工作充满信心，并帮助我与全世界分享——永远不要忘记，你是一位了不起的母亲！感谢苏珊·施瓦茨曼，我杰出的出版人——感谢你对我的支持和信任。因为你的热情和奉献，我知道这本书将改变许多母亲的生活。

和你们一起工作十分愉快。感谢我们创造性的合作，赋予了这本书生命。我迫不及待地想看到它的面世。

感谢我的家人，感谢你们永远的支持、爱和鼓励。是你们的帮助，让我在写作这本书的过程中不断前进。感谢你们相信家庭的重要性，感谢你们认可我为帮助其他家庭所做的努力。

感谢格雷格，谢谢你的爱和支持，谢谢你一直以来在我身边为我加油。谢谢你相信我工作的重要性。我永远爱你。

感谢世上所有勇敢的母亲。你们的力量、爱和作为母亲的坚定恰如一份美丽的礼物——送给你们的孩子和这个世界。感谢你们多年来与我分享你们的心路历程。我真的被你们的故事所鼓舞。希望你们继续享受你们勇敢的为母之旅，永远不要忘记自己是多么重要。

关于作者

邦妮·康普顿，高级执业注册护士，认证儿童护理师。作为儿童和青少年治疗师、育儿指导和儿科护士，她有超过 30 年的从业经历。邦妮立志于改善儿童生活和家庭的环境。她教导父母们进行有意识地育儿，让他们意识到什么才是育儿过程中真正重要的。邦妮相信，通过个人治疗、培训指导，或者育儿课程，任何家庭环境都有可能做出积极的改变——而且永远不会太迟！

她是一名作家、演说家，同时主持工作坊，她还开了一档电台节目——“全心全意育儿”。作为育儿专家，邦妮应邀参加过许多电视和广播节目，并在杂志和报纸上发表过育儿文章。

邦尼和她的丈夫住在南卡罗来纳州的查尔斯顿。她是 4 个成年孩子的母亲，还有 3 个漂亮的孙女。她认为做母亲是她最重要的工作。